学校とゆるやかに伴走するということ

石川　晋 著

フェミックス

学校とゆるやかに伴走するということ ◎ 目次

はじめに　7

1章
学校生活
最後の1年

1 少しずつ変わっていく　18
2 「学び合う」姿に賭ける、しかない　25
3 実感・質感のある生活をベースに実践を編む　31
4 持続可能な教育活動のために、一度リセットすることにしました　43
5 歩いたり、立ち止まったり、考えたり…　49
6 授業が終わろうとしている　56

2章
先生・学校の
伴走者

7 休み休み考える　64
8 少しずつ学校訪問しています　69
9 協同で学ぶことの価値を一緒に積み上げたい　75
10 「評論家」のいない授業検討会をつくる　81
11 学ぶことが大切にされているか　87
12 「校内研修」の話をもう少し深掘りすると…　93

13 先生・学校の「伴走者」 99
14 「伴走者」はたくさんいた方がいい 105
15 授業記録を読もう、書こう 111

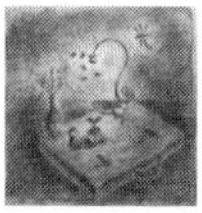

3章 校内研修と教師教育

16 教師の「善意」が学びを止める 118
17 いま、「校内研修」が本当に向き合わなければならないこと 123
18 どのように学校に入るか 131
19 アクティブ・ラーニングについて考える 137
20 トボトボと歩く日々、三題 146
21 「教師教育」をどう考えていくか 154

4章 対談

対談 武田緑×石川晋
『学校でしなやかに生きるということ』のその先へ 172

おわりに 196

はじめに

今回の本は、『学校でしなやかに生きるということ』（注1）の続きの時間の記録ということになります。『くらしと教育をつなぐWe』誌への連載記事はいま43回を超えたところなのですが、前作はそのうちの初回から25回分の連載原稿に、新たに書き足したものと、北海道ではじめての男性家庭科教員、江口凡太郎さんとの対談とで構成しました。

そういう流れでいうなら、本来は連載が50回分になったところで新たな1冊を編むのがよいということになるのでしょう。しかし、前作が、震災と育児休業を挟んだ数年の記録、つまり、ぼく自身にとって大きな転換点であったことを思うと、その後の現場における苦闘と2年間のフリーランスの時期は、やはり次の大きな転換点として、ここで編まれるべきだろうと思います。そういう直感のようなものが働いて、この1冊をまとめることにしたのです。

前作をまとめた後の1年（2016年度）は、ぼくにとって本当に重い時間でした。というのは、当時の中学校の子どもたちが落ち着きを失っていったこと。そこに、若手の教員を上手に育てていけないという全国の学校が直面する問題がはっきりと横たわっていたからでした。これは教師教育（学）の問題と地続きの出来事ということになります。さらには、信頼するパートナーとして協同で仕事をしていた行政マンが金銭上の問題で失職するということもありました。前者の問題も後者の問題も、学校や学校を巡《めぐ》る環境のブラック化に伴うことと地続きだとぼくには見えました。その行政マンと組んでいた仕事の本丸はコミュニティスクールづくり（注2）でした。そしてその動きの起爆剤として招聘《しょうへい》した横浜市立永田台小学校（当時）の学校長であった住田昌治《すみだまさはる》さん（注3）の講演・ワークショップの直前に案件が明らかになったことは、ショックであると同時に、ぼくの仕事（目論見）の破綻を指さしていると感じざるを得ませんでした。

そういういろんなことが起こった最後の1年を過ぎて、２０１7年の春に、ぼくは東京に出てきたわけです。その時点で、実はぼくのなかには何のプランもなく、また、前年度のショックを大きく引きずっている状態でもあったと、いまは思います。東京の桜を見ながら、沸《わ》き立たない気持ちをどうしたらいいだろうと思っていたのです。

そのときに、ぼくを救ってくれたのは、やはり現場でした。しかもぼくよりも若い何人かの先生方とその現場でした。

ひとりは国立《くにたち》市立国立第一中学校の井上太智《たいち》さんと、その理科教室。井上さんのことは、『授業づくりネットワーク』（注4）29号に詳細に報告することができました。そちらを読んでいただけたらと思います。

もうひとりは同じ都内の公立の小中一貫校の先生でした。彼は小学校2年生の学年団にぼくを呼んでくださって、読み聞かせベースのプロジェクトを一緒につくるお手伝いをさせてくれたのですが、とても刺激的でした。その学校の2月の学習発表会は、北海道の中学校若手教員の藤倉稔《みのる》さんと一緒に見たのですが、公立学校の未来に希望を感じられる本当に素晴らしい時間でした。

ほかにも大阪府内のしんどい教室を開いてくれた先生、プログラミング教育先端校の校内研修のファシリテーションを委ねてくれた東京の先生、Teach For Japan（ティーチフォージャパン／注5）のフェローやコーディネーター…。ぼくよりもはるかに若い彼らが、本気で現場をぼくに委ね、ぼくの伴走を許してくれたことが、ぼくの新しい展開への希望と精神的な再生とを促してくれたわけです。

実はぼくのなかでは、彼ら若手とのかかわりによって、ぼくが大学時代から続けてきた民間教育運動についての捉え方の変化が起こりました。

その大きなきっかけは、先に書いた小中一貫校の先生とのかかわりです。ぼくは彼と彼の担任する小学校2年生の学年に年間で5回入りました。彼はもちろんぼくのことをある程度事前に知っています。そして、読み聞かせのぼくの技量を信頼して、教室に呼んでくれたわけです。しかし彼とのやりとりは、当初は本音を丁寧に探り合うような時間になりました。彼は、民間教育運動の世界で活躍するそれなりに「有名な先生」の振る舞いが、これまで、かくあるべし、答えはこれだというような、カリスマ的な立ち位置を示して納得させるというありように偏りがちであったということに気づいていました。またそれが生み出してきた弊害も見抜いていたということでしょう。彼の「慎重さ」は、民間教育運動のなかで、よかれと思い、ある種の善意を振りまくようにして仕事をしてきたぼく自身に、内省を迫るものでした。これまでの民間教育運動が、本当に学校、先生、子どもの助け手になり得てきたのかという問いを、重く突きつけられているようでした。ぼくは、民間教育運動に長くかかわり、現在のセミナー開催モデルを全国に先駆けてつくってきました。しかし、この数年、肥大化し、消費財化する研修会が、ほとんど教室を先生を子どもたちを幸せにしていないのではないかと感じてきたわけです。そういう深い自己否定にとらわれて動けなくなりつつある自分を、さらに痛撃する出来事であったといえます。

そのようにして見ると、たとえば都内では、これまでの民間教育運動の流れとは系譜を異にする若手の学びの場づくりの動きがはじまっていることがわかりました。ぼく自身が情報をトリミングすることで、そのすぐ外側で起こりはじめている動きに気がつかないでここまで来てしまっていたのです。そうした若手の動きは、これまでの文脈を踏まえていないわけで、すでにたくさんの実践事実が積み上げられている領域を、まるで新しい田んぼに足を踏み入れるようにして進んでいる面もあります。それを、歴史に学べと頭ごなしに言うのか、まずは一緒にその田んぼに足を踏み入れて歩きながら、一緒に考えていくのか。この辺りのぼく自身のスタンスがはっきりと定まったのは、小中一貫校の彼とのかかわりを通してであったと、思います。

とにかく、もろもろのそうした気づきを通して、ぼくはこの2年で、本当に大きく変わりました。そういう意味では、前作から今作への流れはつながっているけれど、一方で、いわば別なぼくへと変貌していく時間の記録でもあると、自分でも思えます。

その流れでいうと、やはり大阪での経験は強烈だったと認めざるを得ません。ぼくは荒廃した中学校からキャリアをスタートしましたし、困難な中学校に入って飛び込み授業をした経験などもあります。しかし、かつて菊池省三さん（注6）が北九州でのセミナーの折りなどに、「晋さんの学校は牧歌的だから」とニコニコしながらおっしゃっていた、そのことの意味を、本当のところはわかっていなかったのだと認めざるを得ません。

大阪府内でぼくが入ったいくつかの教室では、子どもたちはチャイムが鳴っても、グランドで数名がサッカーボールを蹴り続けて教室に戻ってこない。教室のなかでは、最初から子どもたちの数名は後ろのロッカーの上に寝そべっている。床には、教室リフォーム実践（注7）で名高い畳が子どもたちに自在に持ち歩かれて、遊び道具になっている。そういう実態を、たとえば「マニュアル本に書かれていることを子どもの実態も見ずに取り入れるからでしょ」と否定することは簡単だけれど、それでは解決しない本当に深刻な問題がつづら折りなのです。北海道で模擬授業や講座を10連発15連発と仲間と練り上げて、深い教材研究、教科の技量を掲げて教育運動をしていた、そのことの価値、自分の仕事の価値は認めるけれど、教育というのは、単線の文脈でなど語れないところにあるという強烈な気づきを促されていったわけです。

前後しますが、退職後の1年は、「教師教育を考える会」メールマガジン（157頁～参照）を編集し続ける1年でもありました。この編集の作業も、ぼくにとっては大きな仕事でした。とくに退職後、選択肢として考えていた大学での教員養成の仕事にかかわる道をすっぱり諦めるきっかけになったということが大きい。多様な書き手の方々に書いていただくなかで、ぼくには教師教育（学）の現場の現在地が本当によく見えたと思いました。そして、子どもを教室で育てるように、専門職たる教員を育ててしまいがちな教員養成の現状と、もし専門職養成のために自分が学び直すとしたら、そこに費やされるであろう膨大な時間と知力との前に、思い切りたじろいでしまいました。

まあ、そういうこれまで自分がよかれと思ってやってきたことの「見直し」を迫られる事態のなかで、過ごしてきた時間の記録が今作になります。

4章の対談相手も、前作は同世代である江口凡太郎さんでしたが、今回はずうっと若い世代のイノベーター（革新者）である武田緑さんにお願いしました。武田さんたちが見ている世界にどのくらいぼくが共感できるかということも、自分にとってのチャレンジになると感じていたということがあります。

前作のなかでも書いた記憶がありますが、ぼくは長い間、出版社からの依頼があっても、誰かと一緒に書く共著や編著以外の形態を頑《かたく》なに拒んできました。2011年の震災が、単著を書くことへの直接的な契機となり、当時の実践を3冊の本（注8）に、事実上の自分の授業・教室実践の記録としてまとめたわけです。そしてその日々を前作にまとめたわけです。

今作はちょんせいこさん（注9）との共著になる国語教育の本との同時進行での執筆になりました。学校とゆるやかに伴走しながら考えた記録である本書と、具体的な実践の手立てを示すことに注力したせいこさんとの本と、2冊があわせて読まれることに意味があると思っています。震災の折りの3冊のように、ぼくの実践の総体が見えるようになればということを企図していま す。残念ながら、ちょんさんとの本の刊行は今冬辺りになりそうですが、刊行の折りには、ぜひそちらとも読み合わせながら、皆さんと一緒に考えられたらいいなあと願っています。

2019年7月　石川　晋

注1　『学校でしなやかに生きるということ』（フェミックス、2016）『くらしと教育をつなぐWe』誌での連載「公立学校でしなやかに生きること」（1回～25回）に書き下ろしや江口凡太郎さんとの対談を加えてまとめた1冊。

注2　**コミュニティスクール**　文部科学省が推進する施策のひとつ。学校に地域の人材や方法を積極的に入れていくことで、教員の仕事の軽減、多様な学びの創出、地域の活性化などさまざまな動きを生み出そうとする方法（地教行法第47条の6に基づく）。賛否さまざまな議論がある。

注3　**住田昌治**　サスティナブルな教育の形を、公立学校長の立場で具体的に実践。著書に『カラフルな学校づくり　ＥＳＤ実践と校長マインド』（学文社、２０１９）。

注4　**『授業づくりネットワーク』**　ＮＰＯ授業づくりネットワークが年4回季刊で発行する雑誌（ムック）。１９８８年に創刊し、現在の形態になるまでは長く月刊であった。発行母体のＮＰＯは年に何回か全国規模の教育研修会も実施しており、雑誌発行と研修会実施が活動の大きな2本柱である。現在のＮＰＯ理事長は石川である。

注5　**Teach For Japan**　さまざまな経験と教育への問題意識、情熱や成長意欲を兼ね備えた人材を独自に選抜。研修した上で、学校の教師として2年間派遣し、子どもたちの学力と学習意欲の向上、学習習慣の定着などを目指す認定ＮＰＯ法人。

注6　**菊池省三**　日本の教育研究者。北九州の教育困難校（小学校）でコミュニケーション主体の授業を開発し、２０１２年7月の「ＮＨＫプロフェッショナル―仕事の流儀」への出演で、その実践「ほめ言葉のシャワー」と共に全国に広く知られるようになる。現在は高知県いの町《ちょう》などを中心に、全国でその実践を広げている。

注7　**教室リフォーム実践**　岩瀬直樹らが進めている教育実践。『クラスがワクワク楽しくなる！　子どもとつくる教室リフォーム』（岩瀬直樹・有馬佑介・伊東峻志・馬野友之 著、岩瀬直樹編集、学陽書房、２０１７）に詳しい。

なお、**岩瀬直樹**さんは元東京学芸大学教職大学院准教授、専門は学級経営論。埼玉の公立小学校教員時代は、伝統的な教室設営や教科教育に一石を投じるあり方を提案し、大きな注目を浴びる。現在は軽井沢風越《かざこし》学園設立準備財団・副理事長。苫野一徳さん、本城慎之介さんらと共に、２０２０年に幼・小・中「混在」型の軽井沢風越学園を開校予定。

注8　**3冊の本**　『「対話」がクラスにあふれる！国語授業・言語活動アイデア42』（明治図書、２０１２）、『学級通信を出しつづけるための10のコツと50のネタ』（学事出版、２０１３、のちに改訂版が発刊となる）、『「教室読み聞かせ」読書活動アイデア38』（明治図書、２０１３）の3冊。

注9　**ちょんせいこ**　ホワイトボード・ミーティング®の開発者。ファシリテーションの世界にホワイトボードの可能性を広げる。岩瀬直樹さんと共同で教育の世界でのホワイトボード・ミーティングの可能性を追究し、注目される。

1章　学校生活最後の1年

1章—1

学校生活最後の1年

少しずつ変わっていく

●しなやかに…できるのかしら?

『学校でしなやかに生きるということ』がフェミックスから刊行になった(2016年4月)。単著としては、何年ぶりになるのかな。SNSに宣伝めいた書き込みをしていくと、「できるのかしら?」とちょっとシニカルなコメントがついたりして、楽しくなる。「できるのかしら?」はぼくが逆に訊いてみたいことだ。「しなやかに生きるということ」と「こと」をつけたのは、ぼくもしなやかに生きるにはどうしたらよいか思い悩みつつ、学校にいるからである。

他にも、たとえば「共に学校を変えていきましょう」というような書き込みがある。たしかに学校は変わった方がいいところがある、いやたくさんある。ただ、ぼくは、月並みな表現になってしまうが、まず自分が変わろうと、そう思っている。変えようという発想は、怒りの感情や権力欲と表裏一体だ。ぼくも、腹を立てることはある。その多くは、相手が、あるいは組織が変わってくれないときである。そんなときに、暴力的な動きや、あるいはあきらめに変わるのではないか、という自分への不安もある。みんなはどうなのだろうか。

先日、旭川市郊外の突哨山《とっしょうざん》（注1）に、カタクリの花を見にいった。125ヘクタールの群落は全国トップクラスの規模と思われる。この大群落はバブル期の終わりに大手ゼネコンが買い取ってゴルフ場開発が進められることになり、旭川市民の大きな反対運動が起こり、ぼくもかかわった。最終的に旭川市が突哨山を買い取り、それを市民の憩《いこ》いの空間として開放するという幸せな結末を迎えた。それまで市民運動は、行政と戦うものだと経験的にすりこまれていたぼくにとって、行政を動かし、ゆるやかに、場を共有していくという方向性は、とても新鮮で衝撃的でさえあった。何かが変わっていくというのは、変えてやる変えてやろうと息巻く形を超えた向こうで、はじめて動き出していくものなんじゃないか。

●君たちに会うのが楽しみだった

4月から中学校1年生の単学級クラスの副担任になった。新卒2年目の若い男性教師が初担任を持つクラスである。初々しい日々に寄り添いながら、子どもたちと先生、双方を

突哨山のカタクリの大群落

支えていくポジションを、肩に力を入れずにやっていく1年にしたい。

ぼくの町では小中高が同じ日に入学式を迎えるので、中学は午前中に2、3年生の始業式、午後から入学式という流れになっている（小学校の入学式は午前の最初、高校は午前の後半）。入学式の後は、生徒と保護者がみな教室に入り、20分ほどの短い最初の学活がある。担任のお披露目だ。傍目《はため》で見ていて気の毒なほど緊張している彼の船出を直視できない（笑）。だが彼の最初の話は素敵だった。

ふーっとひと息つくと、子どもたち全体を見回して、彼はこう言った。

「ぼくは君たちに会うのを10年前から楽しみにしていました。高校生のときに先生になろうと決めたときから、この日を本当に楽しみにしていて、君たちに出会って感動しています」。

その瞬間、みんなが吸い込まれるように彼の話に聞き入ったと、ぼくには感じられた。彼は大丈夫だな、きっと素敵な1年を過ごせるに違いない、そう思って安心して教室を離れた。

●Aくんの成長を見ながら考えたこと

ぼくは中1と中2の国語を担当することになった。それと特別支援の2年生のAくんの個別の国語学習である。

Aくんは、言語学級在籍で、情緒と知的の重複である。特に日常生活においては情緒面の課題が大きい。パソコンに強い興味があり、休み時間など、気がつくとパソコン室にひとりで行って、インターネットを勝手に見ていたりする。なかなか授業に集中できず、現状では、授業をいくつかのパーツ（漢字、音読、しりとり、ミニ作文というような小さな学習を組み合せる）にしてオムニバス型（注2）で授業を進めることにした。それで集中して取り組めたらパソコンができることにするという、まさに外的な動機づけで学習を進めている感じだ。今後の自分の大きな課題である。

そういった形であるにせよ、入学当初はできなかったキーボードのタイピングが、2年生になったいまは自力でできる（誰かが丁寧に教えたわけではない、そもそも教えてもなかなかいうことを聞いてくれない 笑）。いまは自分で検索ワードを打ち込んで検索ができるようになっている。

Aくんのパソコン習熟の過程を見ながら、学ぶってどういうことなんだろうと、また考えてしまう。

少し古い話になるが、2015年1月に、ぼくは関西にあるフリースクールを訪問した。ここは全国的にも注目を集めるフリースクールのひとつで、早くからICT（情報通信技術）を中心に据えた教育の可能性に着目し、独自のカリキュラムを提案してきたスクールだ。訪問した日も、異年齢の子たちが、個別であるいはチームで、プロジェクトを組んでそれぞれの課題を追究していた。

実はぼくにはこのフリースクールでの体験をうまく形容する言葉が見つからなかった。見せていただいた授業や教室、学校のことはブログの記事やさまざまな原稿の形にまとめて、見せていただいた方々にもフィードバックするのが常だが、この日のことはうまく表現できなかった。

Aくんのパソコン習熟の過程を見ながら、このフリースクールのことを改めて考える。

ぼくの中学校のパソコン室には、40台のパソコンが設置されている。生徒は授業やさまざまな活動でそこへいってパソコンを使うが、自分の意思で自由に調べものなどに使うことはできない。

学校は子どもに自由にさせると都合が悪くなるものについて、時間にせよ、物品にせよ、動きにせよ、制限しようとする。制限が悪いとは思わない。安全管理は重要だし、教師の管理や監督が及ばないと学習効果が上がらないことはままある。ただ学校でパソコンを制限することには、生徒が学校の外に自由にアクセスすることを制御したいという教える側の都合（都合のよいところにだけつながせたい）が見え隠れする。事実、ぼくが以前に教室に1台PCを置いて、自由に検索できるようにしようとしたところ、管理職から待ったがかかったこともある。

実は、パソコンを使った授業をすると、過剰にアクセスしたり、こっそり使おうとする生徒があとを絶たないという状況が起こる。結果、さらに時間やセキュリティ上の制限をかけることになり、インターネットの拡散的本質とは相いれない「利用」になる。ぼくは大きな視点で見れば、この過剰もこっそりも、制限し続けることで起こっていると思っている。学校の一角にパソコンが集められ、教師の親PCで管理する制御ソフトを入れて、逐一生徒の活動を監視できる体制下で、生徒にさわらせてあげる状況にすることにどういう意味があるのか、生徒は自然に知ってしまうのだろう。何はともあれ、PCを自由に使って外の世界とかかわることができれば、授業も子どもたちの社会認識も圧倒的に広がるだろう。そして、結果的に自分の内面世界ももっともっと豊かになるはずなのだ。

それでこのフリースクールなのだが、パソコンはネットカフェのように並べられていた。子どもたちは自分の学習の内容や進度やプロジェクトチームの考え方などによって、自在にＰＣを使って調べ物ができる。おもしろいのは、彼らが思ったほどＰＣを使っていないという当たり前のことだった。おそらく何度もトライアルアンドエラーを繰り返しながら、ＰＣが役立つ場面、自分ひとりで学んだ方がいい場面、仲間と協同で取り組んだ方がいい場面、そういう局面を一人ひとりが選んでいけるようになるのだろう。ＰＣへの過度なこだわりはなくなり、学ぶための選択肢のひとつとして自然に活用の場面は決まっていく。まさに、学校がうまくやれていないことの答えがあると思う。

このフリースクールはＰＣ、インターネットの活用がそもそもの前提になっている場だ。つまり、最初から学びは場の外と地続きなことを前提にして、空間の構成も、カリキュラムの設定もなされている。外としっかりつながっていくことで、自己の内側が耕されていく。外界の探究は、自己の内側の探究とくっついているのである。いま、学校もようやく、外におずおずと学びの場を求めつつあるように思う。フリースクールに学ぶことはたくさんある。

●少しずつ変わっていく

さて、突哨山の大群落は、この30年で少しずつ変わってきている。林床にはササが蔓延《はびこ》りだし、次第にカタクリの群落は狭まりつつある。林内の乾燥化は、地球温暖化の影響なのかもしれない（2016年は満開が4月24日。かつてはGW前に満開になることはありえなかった）。すべてのものは、少しずつ変わっていく、ちょうど中2の国語で平家物語の序文暗唱（諸行無常の響きあり）の授業に取り組んでいる時期でもあるからか、そういう事実を素直に受け入れるような気持ちにもなる。

結局、熱烈に変えようと思うのではなく、少しずつみんなで考えながら、結果として変わっていくような、そういうのがいいなあと思うのだ。

（2016年5月）

注1　**突哨山**　北海道旭川市と上川《かみかわ》郡比布町《ぴっぷちょう》にまたがる山・公園。日本国内最大級のカタクリ群落がある。

注2　**オムニバス型**　小さなパーツ（ユニット）を組み合わせて1時間の授業を構成するタイプの授業の総称。東北福祉大学の上條晴夫さん（NPO授業づくりネットワークの前理事長）が名づけ親。

「学び合う」姿に賭ける、しかない

●行事が教室づくりに寄与しない…

とある学年の学習の状況がやや落ち着きを失っている。

5月末の体育祭では、学年対抗競技でも大きな成果をあげた学年である。しかし、行事後、授業が落ち着かない。授業中にはなかなか私語が止まらなかったり、不要物を持ち込んで注意されたりする。教師の（ぼくの）説明が長くなってきたり、与えられた課題が終わったりすると、漢字検定のテキストを出しておもむろに解きはじめる生徒がいる。隣の人と交流してくださいと言っても、テキストを解き続けているので、ペアの生徒もしょうがなく手遊びをはじめる。ぼくが「はい、それしまってねえ」と言えば、素直に従う。周囲の人への関心の低さも感じる。

彼らとぼくとの関係についてだけいえば、まあ、これからずうっとかかわり続けていくわけでもないし、極論をいえば、将来的には、どのような関係になっても別にいい（笑）。しかし、周囲とのコミュニケーションに積極的になれないのは、未来の地域づくりや町づくりを考えたら厳しいなあと思う。

佐藤学さん（注1）の「学びからの逃走」という言葉は、いつ頃出てきた言葉だったっけ？ 都市部の遠い話だと思っていた問題は、いまやぼくの眼前にもある。学びからの逃走は、コミュニケーション、コミュニティからの逃走でもある。

この事案からもうひとつ大切なことが見える。それは、行事と子どもたちとの関係性の変化だ。体育祭の結果がすばらしくても、それが教室の人間関係の深まりにはつながりにくいのだ。行事が一過性のイベントとして消費されるようになった。その現実から目をそらすわけにはいかない。かつては行事が子どもたちの団結力を高め、信頼関係を醸成し、それが学級づくりに直結していた。しかしいまはよほど力量の高い教師でない限り、行事指導は悪戦苦闘だ。取り組み時数の縮減も進み、短期で結果を出さなければならず、しかもその後の教室づくりにも効果が上がらない。中学校では、行事に寄りかからない学級づくり（仲間づくり）を積極的に考える必要に迫られている。そして、子どもたちの生活の大半が授業であることを考えれば、授業と学級づくりとの連動を真剣に模索しなければならないという当たり前の結論に到達する。

今年ぼくは学級担任を持っていない。該当の学年にしても、授業で週に3、4回入るだけだ。この落ち着かない授業の様相の向こうに、子どもたち（集団）の未来が見えていることを思うと、学校づくりは必須だし、それと一体で授業改善にも本気で取り組むしかない。

●『学び合い』、ライティング・ワークショップ、学校図書館整備…

教室が落ち着きを失っていくと、教師はこれまでよりも大きな声で、自分の話を聴かせようとする。それで一層子どもたちはうんざりしていく、そういう悪循環が生まれていく。ぼくは、教室が落ち着きを失っているときこそ、協同的な学びに委《ゆだ》ねてみようという方向に、近年は舵《かじ》を切る。そこで6月の中旬から、この学年の国語は『学び合い』（注2）とライティング・ワークショップ（注3）の2本柱で授業を進めている。一斉授業で教師の説明を聞いたり、教師が個別にできない子を指導したりする方法から一番遠い方法を積極的に選択している。

子どもたちは無論、それで急に大きく変わったりはしない。しかし、目の輝きも取り組みの様子も、一斉ベースの授業よりは圧倒的によくなると思う。学習の設計をするのは教師。しかし、その後仲間と協力して授業という建物を建てていくのは子どもたちだ。そしてやがては子どもたち一人ひとりが自分の人生という建物の設計図も描けるように育ってほしい、それが学校の先生の考えるべきことなのだ、と思える。

7月はじめ、ライティング・ワークショップの2時間目。授業の冒頭に、書き方のコツや手がかり、視点などを短く示す。ミニレッスンと呼ぶ時間だ。

物語を書きたいという子も多いので、そうした子のために、今日は物語を書くことの価値を伝えたい。そう考えて、みねおみつ作・絵『そらからみると』（PHP研究所、2015）という絵本を読み聞かせし、それから、他者に仮託して自分の夢や心情を書くという方法の魅力を解説する。新島から風に舞ってきたイチョウの葉が熱海を通り、江ノ島を抜け、横浜、そしてスカイツリーの辺りへと飛んでいく。途中の上空からの俯瞰《ふかん》がイチョウの言葉で描かれていく、そういう絵本だ。飛んだり、休んだりしながら…。

　物語に取り組むということ、自分ではなく他者の視点を獲得することで、自分のいまを自由に飛翔《ひしょう》して書くことができるということ、そういうことを、短く子どもたちに語り聞かせる。ちなみにこのミニレッスンと呼ばれる活動は短い時間だが、教師の技量が問われる。子どもたちをアセスメントする力が必須だし、上手なインストラクションも重要だ。そしてここがうまくいかないと活動が停滞したり、質が高まらなかったりする。

　その後、校内中に散らばって書く活動にチャレンジしている生徒の様子を、少し心配しながら見る。ひとりで学ぶ子、ペアで学ぶ子、グループで学ぶ子…。1時間で短いものを次々仕上げる子、長いものをじっくりと仕上げようとする子…。ノートを持って校内のいろんな場所で書く活動と向き合う彼らは、遊ぶようにして学んでいく。

サッカー場の見える一角で書いている４人グループ

先日授業中に「不要物」を持ってきて学年の先生から叱《しか》られた生徒は、4人グループで、話しては書き、書いては話している。

彼がぼくを見て言う。

「大丈夫です、先生。無駄な時間は過ごしていませんよ」。そしてにやりと笑う。

実は授業の改善に取り組みながら、同時進行で学校図書館の整備も進めている。ぼくの学校は12学級以下なので、法令上、学校図書館司書教諭（注4）の発令をしなくてもよい。しかし、図書室に専念して図書の業務に従事できる人が学校図書館にいることは、とても大切だ。8年越しの願いをきいてもらい、今年はじめて、充《あ》て職ながらも司書教諭の発令が出た。もちろん担当はぼくである。早速保護者からボランティアを募り、まずは7人の方が週に2回学校に来て、楽しく図書館整備をしている。

そして、国語の授業の中で、日本十進分類法（注5）を教え、実際に子どもたちに配架の体験をしてもらっている。ここでも、子どもたちは遊ぶように協同で学んでいく。配架しながら、友達同士で気に入った本を一緒に開きながら見る姿に、少しほっとした気持ちになる。

生徒みんなで図書室を整理

（2016年7月）

注1　**佐藤学**　日本の教育学者。学習院大学教授。東京大学名誉教授。「学びの共同体」と呼ばれる教室の座席をコの字型に配置して進める協同学習手法によって、学校現場で広く知られる。著書多数。

注2　**『学び合い』**上越教育大の西川純さんが提案する、子ども全員で課題を解決していく協同学習。学ぶ相手をはじめ、学びにかかわる多くのことを子どもたち自身が意思決定していく。その過程で授業中に生徒は普通に離席し立ち歩きながら学びを進めることになる。

注2　**ライティング・ワークショップ**　子どもたちが協同的に、自分のテーマに基づいて書く活動に取り組む。『ライティング・ワークショップ―「書く」ことが好きになる教え方・学び方（シリーズ・ワークショップで学ぶ）』（ラルフ・フレッチャー&ジョアン・ポータルピ著、小坂敦子・吉田新一郎訳、新評論、２００７）が国内の紹介されている文献としては基本図書である。

注3　**司書教諭**　学校図書館のためにおかれる教員のことである。学校図書館司書教諭とも称されることがある。12学級以上の学校には必ず置かなければならないことが、学校図書館法に定められている。いわゆる学校司書などの専門的な知識・経験を有する学校図書館担当事務職員との違いなどは、文部科学省の下記のサイトを参照して欲しい。
http://www.mext.go.jp/a_menu/shotou/dokusho/meeting/08092920/1282905.htm

注4　**日本十進分類法**　日本の図書館で広く使われている図書分類法。0総記、1哲学・宗教、2歴史・地理、3社会科学、4自然科学、5技術、6産業、7芸術、8言語、9文学。

学校生活最後の1年

実感・質感のある生活をベースに実践を編む

●リアリティショック…

ぼくの勤務校がある北海道上士幌町は2016年度からコミュニティスクールをスタートさせた。ぼくもコミュニティスクールを意識しながら学校に積極的に外部人材を入れるためのしかけづくりをしている。

司書教諭の立場を活かし、図書館整備と活用のために保護者から図書館ボランティアを募集し、一気に整備活用の状況が進んだ。

他にも、ゲストを呼び「大人トーク」(注1)をする校内的な動きもつくりだした。各学年で総合的な学習の時間のゲストを呼び、学年の担当者がゲストと対談し、子どもたちをファシリテートして講師との交流を生み出していくしかけである。学校に本物が入り本物の体験がおこなわれる実践の価値は大変大きい。また実際、学校が学校内の人材だけで子どもたちを育てていくことは困難な状況になりつつある。そうした認識に基づいて、新しい動きを校内につくり出していこうという取り組みである。

ところで、こうした取り組みはベテランほど意欲的で若者ほど戸惑いが大きいと感じている。昔とはすっかり逆転してしまった…。ぼくの周囲では若手教員は新しいことに臆病《おくびょう》で周囲の目を気にする傾向が強い。就職してすぐに現実にうちのめされて理想や夢をしまい込んでしまう「リアリティショック」が起こっているという指摘がある。校内外の若手を見ていると、たしかにそうしたことを感じる。ぼくらが若い時分にもたしかに教壇に立って驚くことは多かったが、「ショック」という言葉が表すような感覚とは違っていたように思う。いまの状況には当時とは全然違う深刻さも感じる。

あまり話題にならないが、リアリティショックを経て学校の現実的な課題や日常の雑務に絡めとられていくのと並行して、若手の多くが、生活のリズムが崩れ、たとえば食生活が乱れて、外食とコンビニに頼る生活になっていったりする。そして心身の調子を崩していく。

ぼくが新卒の頃は、いまのようにコンビニも外食産業も発達していなくて苦しかった。インスタントラーメンばかりになったり、缶詰を食べたり…特に田舎ではそうした傾向が強く、否応《いやおう》なしに自炊するしかない状況になった。しかし、それは考えてみれば幸福だったかもしれない。いまはたいていの田舎にも簡単に食べられる仕組みがある。ぼくは食に関してお手軽であることの害悪は結構大きいかもと感じている。

●達成感の得にくい仕事

先日北海道の短い夏休みの終わりに合わせて台風がやってきたときのことだ。本州や九州や四国には上陸せず、直接北海道に上陸する台風としては23年ぶりなのだそうだ。今回はコンパクトでも暴風圏があり（北海道まで到達する台風は通常は温帯低気圧になる寸前なのだが…）、しかもいま暮らしている地域の真上を通るということで少しびびり、早めに帰宅した。実際、暴風圏に入ったとき、出たときが、風雨の状況でリアルにわかり、「体験を通さないとわからないことがある」ということを、実感する。

その日、ぼくが帰宅する直前まで、校内では若い先生が3人、まだ残って仕事していた。ぼくは、風雨が酷《ひど》くなる前に近くのスーパーに食料品を買いにいき、学校に戻って少しだけ仕事をしていたのだが、レジ袋を手にぶら下げて帰ろうとすると、すごーい、と言う。彼らは、要するに自炊していることに驚嘆するわけだ。

彼ら若い先生方が、外食で済ませてしまうことがほとんどであることを、同僚として日々接しているぼくは、充分に感じ取っている。先に書いたように、ぼくにも厳しかった時代があるから…。だがやや乱暴にいえば、食事をつくるということは、生活するということの核心でもある。そして「生活」の安定のないなかでよい実践を生み出していくのは困難だと思う。

ぼくは手づくりの食事で健康を維持というような単純な健康管理の話をしたいわけではない。

何かをつくるという手応えを、自分の手元に引き寄せておけない生活のなかでは、実践は荒れていくということを言いたいのである。

28年の教職経験のなかで、ぼくらの仕事は「つくりだす実感」を持たない、「達成」の対価物を得にくい仕事であることを実感している。子どもたちと日々かかわり、その成長に寄与していると感じる一方で、それは本当に自分の指導、自分のかかわりの結果によるものなのだろうか、という疑問や不安を感じたことのない教師はいないだろう。かつてはそうした思いを、教育活動に対する地域や保護者の手厚い支援・支持が補っていたものと思う。しかし、いまやそんなことは望むべくもない。教師の置かれている状況は厳しく孤独だと思う。

●生活に実感・質感を

校内の教職員にはほぼ定期で「自己研修通信」(注2／38～42頁参照)を発行している。授業づくり、教室づくりから、行事運営、最新の教育動向から町内の動きまで、さまざまなテーマで書く。なかでも力を入れて意識的に書いてきたのは、生活のことだ。それは規則正しい生活をして子どもに話すこととの言行一致を図ろうというようなことではない。いわゆるメンタルヘルス視点に近い。

日々の生活サイクルを丁寧につくれない人は、学校での仕事も崩れていく。毎日のなかでしっかりと自分の「実感」としてつくったものが目前に生み出されていく営みは、ぼくらのような職種にはとりわけ重要だ。

かつてインスタントラーメンばかりの生活を続け、みすぼらしい生活に陥るたびに、ぼくは思い出したようにスーパーに行って買い物をし、台所に立ってカレーライスをつくった。入念にじっくりとつくり、そして炊き立てのご飯にかけて食べる。ポロッポロッと涙がこぼれたりしながら、今日もちゃんと生きていると、そう思ったものだった。

次期学習指導要領の方向がはっきりと見えてきた。新たな横文字言葉が飛び交っている。いろんな立場視点はあると思うが、アクティブラーニング（注3）にせよ、カリキュラムマネジメント（注4）にせよ、プログラミング教育（注5）にせよ、オーセンティックな学び（真正・本物の学び）という視点と切り離せない動きだと感じている。子どもたちが対話しながら深く学び合うためには、教科書程度の表層的な知識理解を飛び出さなくてはならないことははっきりしている。そのためのカリキュラムを構成していく場面でも、当然そうだろう。とするなら、教師自身の生活が本物の実感を得られるものになっていないと、これまで以上に教師は教室で実践を展開していくことに苦しむことになるだろう。

近年とみに、学力テスト成績の比較結果などわかりやすい数値を追いかける風潮が強まっている。その背景には、数量で見える「結果」で、自分の実感を埋めようとする、そういうこともあるのでは、と思う。

繰り返しになるが、ぼくらの仕事は、つくり出す実感も達成の対価物も得られない（得られにくい）ことに耐え続けることを本質としている。そして、そんな日々が22歳から60歳まで続いていくことに耐え続けるわけだからなかなか大変だ。生きる実感を手放さない。食事でも趣味でも友人や恋人との強いつながりでもいい、生活の質感をずっしりと持ち、手放さないことは、実践を豊かにしていくために大切だ。なんだか少し親の小言めいているが…。

（2016年9月）

注1　**大人トーク**　筆者が北海道の教諭時代に開発したゲストティーチャーを招く授業の進め方。詳しくは前作にあたっていただきたい。『学級経営が主役のカリキュラム・マネジメント―キャリア意識を育むコラボレーション授業の実践』（阿部隆幸・菊地南央著、学事出版、2019）で「大人トーク」の進化系実践が提示されている。

注2　**自己研修通信**　筆者は北海道の教諭時代に毎年度教職員・同僚向けに発行してきた。自分の学びの記録の披瀝《ひれき》と共有、同僚への啓蒙、校内研修の情報の補完など、年度（校内での筆者自身のポジション）によって中心的な目的に違いがあった。

注3　**アクティブラーニング**　学習者が受動的ではなく、能動的に学ぶことができるような学習方法。「認知的、倫理的、社会的能力、教養、知識、経験を含めた汎用的能力の育成を図る」（2012年8月中央教育審議会答申）内容だとされている。現在は「主体的・対話的で深い学び」と言い換えられることが多い。詳細は文部科学省のｗｅｂページなどにあたって欲しい。またこの用語が登場するまでの経過は複雑で、その出典・根拠などについてもいくつかの議論がある。

注4　**カリキュラムマネジメント**　2020年スタートの学習指導要領実施に向けた動きの中

で、当初からアクティブラーニングとともに２本の柱のひとつとして推進されてきた。学校教育目標の実現のため、子どもや地域の実態を踏まえ、教育課程（カリキュラム）の編成・実施・評価・改善サイクルを計画的・組織的に推進していくこと、また、そのための条件づくり・整備といった意味になるが、現場の戸惑いは広がっており、さまざまに拡大的な解釈も試みられている。

注５

プログラミング教育　２０２０年スタートの学習指導要領設定の最終段階で必修化が検討され位置づけられる流れになった。諸外国で進められている状況への危機感、ＩＴエンジニアの不足予想など、さまざまな問題を背景として登場してきたものと思われるが、現場の準備不足は否めず、今後の展開が注視される状況にある。

雑誌は私の机上にあるので自由に見ていただいて結構である。

『指導と評価』(図書文化社)3月号

特集は「全国学力調査のあり方」。学力調査に賛成の人も反対の人も、学力調査がこれから父母や地域の大きな関心事になるだろうことは十分考えておく必要があるだろう。父母から説明を求められたら、最低限趣旨や内容をパッケージにしてお話できる。これは必要なことかも、と思う。

『授業づくりネットワーク』(学事出版)4月号

私が中心的に執筆したり編集にも若干関わったりしている雑誌。第一特集「ミニ単元方式による学習ゲーム入門」がおもしろかった。「学習ゲーム」はある程度認知されるようになったが、「運用」方法に踏み込んだ特集である。学習ゲームを1本行うという発想は盛り上がりへの期待に傾いた導入だろう。そうではなく、学力をつけるという発想で、同種のゲームを「繰り返す」ということがポイントになる。

『教育ジャーナル』(学研)5月号

特集はズバリ「学校にしかできないこと」は何か？　である。ここでいう学校とは「公立校」のことだ。そして、この特集の裏主題は、塾と学校との差別化のポイントは何か、ということだろう。教育ジャーナリスト渡辺研氏の基調提案を中心とした企画だ。論文の要は、公立学校には「地域」がある。「地域」とつながり「地域」を活用しよう、ということだ。この主張はおおむね賛成できる。しかし、「公立校にしかできないこと」は「地域活用」です。という結論ではちょっと寂し過ぎやしないか？

私は、学校にしかできないことの要のもう一つは、「集団の学習力」「学びあい」だと思う。だから現在各地で進む「個別支援」「個別学習」の考え方は、学校の本来的な特質・可能性を失わせるものだ、と基本的には考えているがどうだろう。

『季刊　合唱表現』(東京電化)春号

特集は「歌う心について　なぜ歌うのか、どう歌うのか」である。やはりおもしろかったのは、岩見沢市立緑中学校藤岡直美氏（前任校は枝幸町立枝幸中学校。荒廃する枝幸中を合唱指導で立て直した先生だ）の論文だ。藤岡氏は歌わないことの根には「自分自身の声や表現力」について「コンプレックス」があるとする。学級合唱指導の難しさの根に担任教師のコンプレックスがあることは自明のことだが（笑）、指導者にも歌い手にも共通して横たわる問題が「コンプレックス」なのだとすると、学級合唱指導のスタートのポイントが見えてくる気がする。

『くらしと教育をつなぐ We』(フェミックス)4／5月号

隔月刊行である。家庭科をベースとした市民雑誌。特集は「ごちゃまぜがいい」。ゴジカラ村というグループの吉田一平さんという人へのインタビュー。ゴジカラ村は愛知県長久手にある。3万平方メートルの土地に、幼稚園、デイサービスセンター、在宅介護支援センター、訪問看護ステーション、託児所、福祉専門学校などが設置されている。これだけごちゃごちゃなので、運営組織がうまく回らないという。そしてうまく回らないほうが、立つ瀬（役割と居場所）が生まれる、と吉田氏は言う。学校は今、組織化、システム化の動きが急ピッチなわけで（私もその急先鋒の一人なのだが）、こうした全く違う発想に出会うと新鮮な驚きがある。学校がそうだったら、どうなるのかな。

自己研修通信「すぽんじのこころ」2007　10号（通巻173号）

2007.4.14　広尾町立広尾中学校　石川 晋

zvn06113@nifty.com

http://homepage1.nifty.com/maru-shin/

10. 懇談会の資料を作る

知る人ぞ知る静岡の小学校教師森竹高裕さんのＨＰ（静岡教育サークル／シリウス http://homepage1..nifty.com/moritake/）には、たくさんの学級経営のためのコンテンツが蓄積されている。中に、学級懇談会資料というフォルダがあって、実に多様な資料が納められている。

４月最初の学級懇談会に向けて森竹さんが用意しているものはなんだろう。これだった。

■ 保護者とのコミュニケーション 1年間の流れ
4月 第1回参観会・懇談会
5月 家庭訪問
6月 第2回参観会・懇談会
7月 親子面談
9月 運動会
10月 前期通信表
11月 第3回参観会・懇談会
12月 保護者面談
1月 持久走記録会
2月 第4回参観会・懇談会
3月 後期通信表

■懇談会の内容（抜粋）
第1回
・「来年の森竹先生のクラスの子へ」（昨年度の児童の担任評価）を紹介する
・「○年生になって変わったこと」の題で、作文を書かせておき数人分を読み上げる。
・○年生の心理。（年度初め、年度末に次年度用）
・学級経営方針。本日の授業をもとに、どのような授業をするのか説明する

第２回以降の保護者会の企画も全部書いてあるが、省略した。

要するに森竹さんは、最初に、一年の流れをはっきりさせ、プランニングをしているわけだ。

これだ、これが重要なのだ。というわけで、私は今日は、学年懇談会で、一年の流れを示すことにした。考えてみれば、２０年近く教師をしているのに、学年学級の最初の保護者会で、一年間の見通しを表にして配ったことはなかった。もちろん口頭で説明はしていたのだが、視覚的資料があるのは重要だ。

今日の学年懇談会でも資料を見ながら、質問をするお母さんがいらした。質問の内容も手元にあると具体的になる。全体理解も深まる。資料を用意するということはこういうことなのだな、と再認識した。

11. 春の教育系雑誌から落穂ひろい

定期購読している雑誌の４，５月号のラインナップが勢ぞろいした。全部の雑誌から紹介する紙幅はないので、いくつか心にひっかかったものをピックアップして、簡単な解説を加えたい。なお、全ての

その後は各部門の仕事でした。

ぼくは生活委員の担当です。
シンボルマークを作成しています。１年生から３年生までよく話し合って、役割分担をしながら進めています。塗り始めるとシーンとなります。体育館の上のギャラリー前のスペースで製作しているわけです。水汲みのような仕事も、１年生に押し付けるわけではなく、２年生や３年生が率先してやっています。すばらしいことです。
下から、応援練習をしている音がガンガン聞こえてくるのですが、そんなことに構わず一心不乱に塗っています。ここだけ、静けさが漂っている感じ。うれしくなります。ぼくはそのうれしさの中で、届いたばかりの本を、静かに読んでいるわけです（笑）。

Ｙ先生は、１年生の子どもたちに、近況報告＋体育祭招待状を書かせました。

小学校と中学校とが、ぷつっと切れてしまうのではなく、緩やかにつながっているのがいい、という趣旨のことをＹ先生がおっしゃっていました。素晴らしいことですね。ぼくも次に中１担任になった時は、ぜひこの試みを使わせてほしいです。
Ｙ先生は、この手紙を、直接各小学校に届けています。願わくば、これをもとに、元担任や関わった先生方と直接話せるといいなあと考えているようです。これもすばらしいですよね。校区にいくこと自体も価値があることですよね。子どもたちが遠くから通ってきていること、改めて感じるだけでもとても意味がありますもの。

一時間目、開閉会式練習の出来は今ひとつでした。でも、その後の石拾いは、どの学年も一所懸命やっていました。連日の強風、そして雨。この後も、またグランドから石がぼろぼろ浮き上がってくるかもしれません。でも、そんなことには関係なく、表面に浮き上がってきた石を一つずつ拾う姿は素晴らしいものです。
３年生のリーダーも、全体をよくまとめていました

転勤してきて、２ヶ月になろうとしています。

うちの学校の子どもたちの素直さを感じることがしばしばあります。
前任校も落ち着いた学校でしたが、うちの学校の生徒はそれに輪をかけて、とても誠実で素直ですね。もっと内面を表現してほしい、感情を表にしたり、考えを表明したりしてほしい、という願いは当然あるでしょう。でも、この素直さはとびっきりの財産であるとはっきり言えますね。
素直な子は、伸びるのです（笑）。昔から言われてきたことです（ちなみに、ぼくはあまり素直ではありませんでした）。

学校には、それぞれのカラーというか、「校風」というものがありますね。学校がどのように変わっていくとしても、この「校風」をベースにしていくことが大切なのでしょう。誠実で素直でやさしい子どもたちが年々育っていくのは、まさに上士幌の気風、校風なのかな、と感じています。

自己研修通信「すぽんじのこころ」2009　　22号（通巻356号）

2009.5.25　上士幌町立上士幌中学校　石川 晋

zvn06113@nifty.com
http://homepage1.nifty.com/maru-shin/

【今号のあらまし】
・生徒の工夫が見えてくるのは、楽しい。
・誠実で素直な子どもたちと共に。

25.「よさ」を生かしてすすんでいきたい

今日は、4時間目の色別（団別）練習の時間が楽しかったです。

全員リレーは、体育祭の醍醐味だと思います。子どもたちの中から、速い子の走りには賞賛の声が上がります。また、少し遅めの子には励ましの声が上がります。これは、文字通りに自然に上がります。子どもたち同士の絆が、学年の枠を越えてつながっていくのですね・・・体育祭練習の醍醐味だなあ。3年生は走ると速いですね。女子の中に飛びぬけて速い子がいます。成長というのはこういうものか。さすがだなあ、と感心します。

その後は学級練習の時間になりました。ぼくは2年生の練習を見ました。
「川下り」です。
馬の列順をどうするか。一つ一つの馬の形、方向、組み合わせ方、何度も何度も試行錯誤が繰り返されていました。粘り強いですね。集団で思考する、というのが一番難しい。思考する集団づくりと言い換えてもいいのですが。なんというか、感心します。あと一週間。どのくらいの速さまでもっていけるのでしょう、楽しみだなあ。

午後の最初は、応援練習でした。

応援がだいぶまとまってきました。3年生の生徒の頑張りが大きいと思います。全体をいくつかのグループに分けて、そこにリーダーを配置して指導していくわけです。これが以前よりもだいぶ徹底され始めています。3年生同士がよくよく話し合っているのでしょう。練習の質が上がり、精度も上がってきました。
大きな活動を行うことで身につく力の核は、話し合って進める力だとぼくは考えています。3年生は、ぼくに見えるところ、見えないところ、いろんな場面で、たくさん話をしているのだろうな、と感じました。

自己研修通信「すぽんじのこころ」2015　　　2号（通巻429）

2015.6.4　上士幌町立上士幌中学校　石川 晋
http://suponjinokokoro.blog112.fc2.com/
https://www.facebook.com/profile.php?id=100000528475920

○認定子ども園で・・・

毎朝、毎夕、まもなく4歳になる娘うららの送迎をしています。送り迎えの時間は決まっていますので、朝も夕方も、ぼくの生活の時間が決まりました。スクールバスの運行時間によって、学校生活が規定される子どもたちの気持ちやライフスタイルについて、少しイメージできるようになったかなと思っています。

さて、6月に入って、認定子ども園の朝の受け入れの形が変わりました。新しい施設、新しいスタッフ、なによりも新しいカリキュラムになり、認定子ども園では、4月から試行錯誤が続いています。

具体的にどう変わったのかというと、朝、正規の時間よりも早く子どもを預かってもらう際に（午前8時前です)、これまでは、それぞれのクラスに保護者が荷物を持って移動し、所定の場所にいろんなものを置く、という流れになっていました。これを、朝早く来た子どもたちが集合する場所にそのまま持ってきて置くだけという決まりにしたわけです（後で子どもが自分の教室に運びます)。

娘の教室はゆり組、です。3歳以上の子どもたちの教室は、ゆり組も含めて、認定子ども園の奥にあります。朝早く来た子どもたちが集まるのは、0～2歳の子たちが生活している教室、つまり子ども園の入り口に近い教室です。今までは、そこにまっすぐ行けず、奥の自分たちの教室まで行って荷物を置き、それから前側の教室に子どもたちを連れてきて預けていました。これが結構時間がかかる。新しい方式はその点合理的です。朝の忙しい時間の中で、保護者は大助かりです。

でも、この大人にとっての合理性は、子どもの生活のしやすさとは必ずしも一致しません。

この仕組みがスタートしてからまだ数日ですが、娘は、朝、なかなか入室せず、抱っこをせがんだりするようになりました。

ここからはぼくの解釈。娘は毎朝、父との別れを悲しんでいるわけです。ゆり組に行き、出席シールを貼り、靴下を脱ぎ、持ってきたカバンや着てきた外套をハンガーに掛けるのは、彼女にとってお別れの儀式だったのでしょう。その間に、父との別れを受け入れて、集団の中に入る気持ちを固める。それが急になくなったことで、娘は自分の気持との折り合いがつかない数日を送っているのだと考えます。

中学生って、どんな感情を持って毎朝家を出てくるのかなと思います。ぼくのクラスにも、登校時間ぎりぎりに登校してくる生徒がいます。でも、彼ら彼女らに、その心情を直接聞いたとして、何か芳しい答えが返ってくるわけではありません。自分でも言語化しにくい感情であるかも知れないし、なんでも先生に話すような愚かなことをする年齢でもありませんしね（笑)。

それと、日常と違うことが起こる時の戸惑いや適応の違いも、大人都合でなく、しっかり考えておかなくちゃと感じます。大人が合理的だからという理由で進めることが、子どもたちのために必ずよいとは限らない。遠回りや非合理に、子どもが子どもなりの意味や意義を見出しているということが、たくさんあるのだろうなと、思います。

学校生活最後の1年

持続可能な教育活動のために、一度リセットすることにしました

●横浜市立永田台小学校参観

２０１６年の夏から横浜市立永田台小学校の住田昌治校長先生との交流が続いている。住田先生が数年来実践されている学校づくりにとても関心があり、ぜひ交流したいと考えて、お伺いした。まずは横浜市内で開催された研修会に住田先生が参加されるという情報を仕入れて、突撃（笑）。その後ぼくが永田台小学校を1日訪問した。

永田台小学校は、「ユネスコスクール」（注1）の認定を受けている学校である。ユネスコスクールというのは、ＥＳＤという考え方を背景としている学校だ。ＥＳＤとは、Education for Sustainable Development の略で「持続可能な開発のための教育」と訳されている。環境・貧困・人権・平和・開発など、地球規模の課題を踏まえ、地球に存在する人間を含めた命ある生物が、遠い未来までその営みを続けていくために、これらの課題を自らの問題として捉え、一人ひとり

が自分にできることを考え、実践していくこと（think globally, act locally）を身につけ、課題解決につながる価値観や行動を生み出し、持続可能な社会を創造していくことを目指す学習や活動。つまり、ＥＳＤは持続可能な社会づくりの担い手を育《はぐく》む教育だ。ユネスコスクール認定校のなかでも「サスティナブルスクール」という、まさにＥＳＤを体現して、持続可能な教育活動の実現を目指す最先端の学校のひとつが永田台小学校である。

最先端と書いたけれど、それは先進的先鋭的な学校運営をしているということではない。

住田先生と永田台小学校の仕事にぼくが惹《ひ》かれるのは、住田先生が「特別なこと、新しいこと、いままでと違うことを増やすのではなく、いままでやってきたことをやめる、減らす、削ることがＥＳＤなのだ」と明言されているからだ。教育を巡る今日的な課題は増える一方だ。新しい施策が入り、仕事は増えていきがちだ。そういうなかで、確実に何かをやめることで、持続可能な教育を実現しようという住田校長先生の考え方に共鳴する。

さて、参観して感じたことは、永田台小学校はごく普通の小学校だということだった。

子どもたちの民族的な出自が複雑になってきており、それに伴って、生活の様式や学校そのものへのかかわり方感じ方の違う子どもたちも増えてきている。日本語が十分でない子もいて、そうした子が、たとえば授業中に眠ってしまったりすることもある。こうしたことはいまや日本中普通に見られる光景だ。永田台小にも普通にそういうことがある。

一人ひとりの先生の授業は、これまでと同じような一斉授業あり、グループ主体の授業あり、もっと自由度を高くしている教室もある。まあ、バラバラだ。当たり前のことだが、教師の技量もさまざまである。ごく普通の学校だ。

しかし、普通でないところもある。

たとえば、校外からたくさんの人たちが学校のなかに入ってきている。いろんな立場の人たちが普通に出入りし、授業を参観している。見にきた人は、授業や学級での活動にもどんどん参画している。ぼくも「当然読み聞かせしていただけますよね」と言われて、気づけば10クラス近く絵本の読み聞かせをすることになってしまった。

保護者もたくさん校内に出入りしている。学校の内側と外側との敷居をできる限り低くし、地域に開かれた学校というような言葉を、お題目ではない実質のあるものとして形にしようとしていると感じられる。

●「持続可能」の根本はぼくらの仕事自体が持続可能であること

ぼくは、いま自分がいる町の教育状況の最大の課題は、まさに「サスティナブル（持続可能）になっていないこと」だと感じている。立場的にも、今年は中学校1年生の副担任として、どちらかというと学校全体のサポート役に徹してきたので、より、そういう全体状況に目が行くということもあるのかもしれない。

これまでも書いてきたがぼくの住む町は小さな町で、学校の規模も小さいし、生徒数も少ない。

それを支える教育委員会の規模も当然小さい。いわば互いの顔が見えるような距離のなかで、学校にかかわるさまざまな施策が進められている。ふるさと納税のお金がたくさん入ってきて、教育施策に使えるお金は他の町村よりずうっと潤沢だ。

しかしいま、たとえば教育委員会のなかでも体調を崩す人が出はじめている。コミュニティスクールとそれをさらに町づくりの柱のひとつに据えて進められていく町の学園構想は、高邁《こうまい》で価値の高いものだが、急激に増えた業務のなかで、学校だけでなく、さまざまな部署にしわ寄せが来はじめている。いったいどうしたものだろうか、と思う。

持続可能な教育というのは、まず、ぼくら自身の教育現場を持続可能にするということが第一歩なのではないか、とそう考える。こう考えてくると、この課題は、この連載当初からぼくが思い描いてきたことと軌《き》を一《いつ》にしていることだとわかってくる。一人ひとりの先生がしなやかに自分らしく教育活動を進めるためには、生活も仕事も気持ちよく進められる日常が大切だもの。

●写真集を発刊

今春卒業の子どもたちと、写真家小寺卓矢さん（注2）を交えて、1年間写真集づくりに取り組んだ。そのなかで感じていたことは、みんなで取り組むこと、ひとりで向かい合うこと、その両方が、淡々と交雑しながら進んでいく日常が、子どもたちの成長には重要なんだなということだった。日本の学校は、やっぱり「みんなで」が多すぎるんだと思う。写真集づくりの活動はたしかにみんなでおこなうものだけれど、一方でファインダーを覗《のぞ》いて被写体を捉えカメラに収める営みは、だれとおこなっていようとも孤独な作業だ。自分との向かい合いなのである。そういうことが、ぼくにも実感を伴ってよくよく見えてきたのが写真集づくりの活動であった。

その写真集づくりに挑む子どもたちの様子を小寺さんがカメラに収め続けた記録が、写真絵本としてようやく学事出版から発刊になる。タイトルは『わたしたちの「撮る教室」』（小寺卓矢・石川晋・石川学級の41名の生徒たち、学事出版、２０１６）である。

学級づくりに関する理論書やハウツー本を書いてほしいという依頼をたくさんいただきながら結局、ぼくは形にすることはできなかった。そういう形ではなく、クラスの子どもたちが大きなプロジェクトに取り組む、そのプロセスを、第三者が見つめる視点からいわば俯瞰《ふかん》的に描き出す、そういうちょっと凝った入れ子の構造で伝えることをおもしろがってくれる人の心に届けばいいなあ、と願う。そういう「提案」の形がぼくらしくていいかも、とも思う。ちょうど『学校でしなやかに生きるということ』と対をなす本になると思っている。両方を読んでくださった方と対話したいなあ。

この写真絵本は、28年間のぼくの道教委の中学校での仕事の事実上のまとめの意味を持つ。今年度末で退職（サバティカルを取るという感じ）を決意した。次年度以降のことはまだまったく白紙なのだが、ぼくの教員としての仕事はこれからも続いていく。60歳までの残り10年をさらにしなやかに生き続けていくためのメルクマール（指標）の意味を持つ作品になるのかな、と思っている。

（2016年11月）

注1　**ユネスコスクール**　ユネスコ憲章に示されたユネスコの理念を実現するため、平和や国際的な連携を実践する学校。文部科学省及び日本ユネスコ国内委員会では、ユネスコスクールをESD（持続可能な開発のための教育）の推進拠点として位置づけている。

注2　**小寺卓矢**　写真家、写真絵本作家。日本大学農獣医学部卒業後、カナダ・アラスカへ渡る。帰国後に北海道へ移住し写真家として活動を開始。「自然と人といのちのつながり」をテーマに日本各地の森を撮影し、雑誌等に作品を発表している。『森のいのち』（2006）、『いっしょだよ』（2012）、『いろいろはっぱ』（2017、いずれもアリス館）など写真絵本多数。

歩いたり、立ち止まったり、考えたり…

●とにかく歩き回ってみよう〜きのくに子どもの村学園

２０１７年3月に退職するということを決めたので、いままでとは少し違った動きを意識的につくって、いろんなつながりも増やしていきたいなあと思っている。

12月には、以前からぜひ見学したいと願っていた和歌山県の橋本市にある、きのくに子どもの村学園小中学校（注1）に、熊本大学の苫野《とまの》一徳《いっとく》さん（注2）とゼミ生の一行に混ぜてもらって行くことができた。なんといっても、若い学生がたくさん来るということで理事長の堀真一郎さん（注3）が時間を大幅に超過して熱の入った話、それに質疑にも応えてくださって充実の時間だった。

きのくにには、イギリスのニイル（注4）が提唱した自由学校の考え方を日本に体現した学校だ。堀さん自身、一条校（学校教育法の第一条に掲げられている教育施設の通称）で開校することに徹底してこだわり抜いて、開校した。フリースクールとかオルタナティブスクールとか言われる学校は、一条校の補完的な役割（たとえば不登校生徒の受け皿など）のように捉えられることが多いわけだが、ここはそうではない。学習指導要領等との整合性も十分に図りながら、独自のカリキュラム運用も異年齢学習も齟齬《そご》なく実施に持ち込んでいるわけで、すごい。裏を返していうと、学習指導要領には、知恵と工夫で上手に読み替えることでずいぶん自在な解釈ができる余地がたくさんあるということにもなる。法規法令上の縛りはたしかに年々厳しくなってきていることを認めるが、工夫次第で、ここまでやれるということを実際に見るときに、ぼくらの工夫はまだまだ足りないらしいとも、素直に思える。

●とにかく歩き回ってみよう～日本教育工学協会

同じく12月下旬にははじめてJAET（日本教育工学協会／注5）系の研究会に参加した。教育工学、つまりICT系の研究会である。東京のICT先端校（千代田区立神田一橋中学校）での開催でその学校を見ること自体も楽しみのひとつだった。ちなみにこの学校は、日本に2校しかない通信教育課程を併設している中学校でもあり、校舎のなかの掲示物などにもそうした特色が方々に読み取れておもしろかった。

さて、その学校の学校長のお話がまたすごかった。神田一橋中学校では子どもたち全員にタブレットPCが1台ずつ供与されている。しかし対談のなかで、学校長はこうおっしゃる。「ひとつずつにキーボードをつけなかったのは痛恨だ。中学生は自分で発信できることが何より大切で、またそういう強い欲求も生まれてくる年齢だ。そのためにはキーボードが必須なのに、導入にあたって少しだけ妥協してしまったことを恥じている。早急に入れるように要望している」と。

ＰＣやタブレットを学校に入れて授業を進めていくことにはいまだに賛否いろんな立場があることは知っている。ここでぼくが言おうと思っているのは、ＩＣＴをどこの学校も入れたらいい、という話ではない。

なんと言ったらいいのかな…、そう、信念の話なのである。堀さんにしてもその校長にしても、これはもう圧倒的な信念があるんだということにガツンとやられたのだ。

ちなみにＰＣとタブレットのデバイスとしての役割は大きく違う。タブレットはそもそも持ち歩いて好きなときに使うことを想定したツールだ。だからＰＣ以上に学習の個別化（個人としての最適化）が起こりやすい。そうしたことをわかって取り入れている学校、先生はまだまだ少ないと思う。

●とにかく歩き回ってみよう～田中光夫さんと対話する

それでぼくはいまフリーになる直前に自分が信念を持って取り組もうと思っていることってなんだろうなあと考える。そうすると、全然ないかもということに気がつくわけである。

12月末、東京で今春40代を前にして退職した小学校教師である田中光夫さん（注６）と２人で、今後の相談も含めて食事をした。

田中さんは、自分を「フリーランス教師」と称し、病休などの先生の教室に短期間入って立て直すという働き方を選択してこの1年を過ごしてきた。契約条件なども先方の学校にきっちりと提示してその上で引き受ける。たとえば給料、勤務時間、勤務方法、さらには公務についての立場（通知表は誰が書くのかといったことまで）など、すべてが交渉条件だ。これまでの公立学校の教員では考えられないことなのである。そうした条件交渉ができるのは、もちろん光夫さんが腕のある教師だからということもある。だが、そのこと以上に新鮮だと思うのは、フリーランスという働き方を公教育のなかでポジティブに実践し、新しい考え方や生き方を模索し、できれば提案してみようという姿勢だ。おもしろい。

この10数年の間に、日本の学校にも常勤・正職員ではない教師が本当に増えた。ぼくは管理職になる以外の教職の終え方のモデルがないことに気づいて、早くから退職間際の先生の教室を見せていただいてきた。しかし、いまや常勤・正職員以外の大量の職員によってどこの学校もなんとか保たれているのが現実だ。非常勤・フリーランスの教員が生きていくモデルを考え、それを提示していくということの意義は大きく、また重要だ。もう教員も正職員として働く以外の多様な働き方を考えるべきときなのだ。

話を聞きながら、そうか、この視点に立てば、これまでの教員のあり方についても結構、相対化・客観化できるのではという思いも持った。たとえば生徒を卒業させて一人前とか、1年間担任を持ち続けて一人前といった、当たり前の前提が職場の教員の4分の1くらいには、全然前提でも当たり前でもなくなっているというところから、いまの学校、学校で働くということを考えてみることができそうだ、と光夫さんと話しながら思う。とはいえ、ぼくと光夫さんはいろんな点で違う。特に重要なのは、光夫さんが40代にさしかかった脂の乗り切ったときに辞めたのに対し、ぼくはすでに勧奨退職の年齢でのサバティカルだという点だ。公教育のなかでそれなりに実績も積んできた教師だ。光夫さんのように腕があり、授業実践を積んだ先生は一握りである。多くの若者が学校で傷ついてしまう状況は、危機的だと思うが、だからやめて光夫さんのようにフリーランスの道を進みましょうというわけにはいくまい。公教育で傷ついた若者は、やはり公教育でしかケアされない。やめてなお、学校教育周辺を徘徊する痛々しい若者の姿もしばしば見てきたのだ。

●立ち止まって考えてみる

さてそれで自分はどうするかということなのだが、やはり4月から1年は自由な立場で方々を歩き回りながら、自分の進みたい方向、やりたい形をあきらかにしていけるといいなあと思っている。つまり、定職にはつかず、のんびり見たいもの、知りたいもの、感じたいものにアンテナを張る時間にしようと思う。

幸いＮＰＯ授業づくりネットワーク理事長という役職はそのままなので、日本中のいろんな学校に研究的に入れていただくことは可能だと思う。こんな機会を生かさない手はなさそうだ。

そもそも28年間、北海道教育委員会に雇われた「先生」として朝8時から夕方5時まで毎日毎日学校に通った生活を終えるわけである。途中極小規模校に行ったり、育児休暇を取ったりして、学校を遠巻きに見る時間をつくってはきたけれど、これからの時間は、やはり得難いものだ。すぐに学校に常勤勤務で縛られる時間に入るのではなく、北海道に縛られるのでもなく、少し広いところでゆるやかにいろんなものを見聞きしながら、次に備えようかな、と考えている。

首都圏にとりあえず居を構える予定で、きっといままで以上にいろんな方にお会いできる機会も増えるでしょう。

（2017年1月）

注1　**きのくに子どもの村学園小中学校**　学校法人きのくに子どもの村学園は、1992年、和歌山県橋本市でスタートした、戦後はじめて学校法人として認可された自由な学校。現在は、きのくに子どもの村小中学校、かつやま子どもの村小中学校（福井県）、南アルプス子どもの村小中学校（山梨県）、北九州子どもの村小中学校（福岡県）、きのくに国際高等専修学校（和歌山県）がある。http://www.kinokuni.ac.jp/

注2　**苫野一徳**　日本の哲学者、教育学者。熊本大学教育学部准教授。博士。2017年、一般財団法人軽井沢風越学園設立準備財団の理事に就任し、本城慎之介、岩瀬直樹らと共に、2020年に幼・小・中「混在」型の軽井沢風越学園を開校予定。『教育の力』（講談社現代新書、2014）、『はじめての哲学的思考』（ちくまプリマー新書、2017）

など著書多数。

注3　**堀真一郎**　日本の教育学者、教育実践家。学校法人きのくに子どもの村学園理事長。元大阪市立大学教授。ニイルの著作の翻訳者、「ニイル研究会」を設立、その代表を務める。著書に『自由学校の子どもたち　きのくに子ども村のおもしろい人々』（黎明書房、1998）、『ニイルと自由な子どもたち　サマーヒルの理論と実際』（黎明書房、1999）など。

注4　**ニイル**　アレクサンダー・サザーランド・ニイル（Alexander Sutherland Neill、1883年-1973年）。イギリスの新教育運動の教育家。ドイツの改革教育運動の影響を強く受け、1923年、南イングランドのライム・レギスで開設したサマーヒル・スクールは、「世界で一番自由な学校」として知られる。「子どもを学校に合わすのではなく、学校を子どもに合わせる」というニイルの言葉は有名。

注5　**JAET**（日本教育工学協会）　教育工学研究の成果共有、普及啓発活動によって、教育向上を図ることを目的とする団体。1971年の設立以来、全国大会を各地で開催し、さまざまな取り組みをおこなっている。　http://www.jaet.jp/

注6　**田中光夫**　14年間の公立小学校教員を退職し、2016年から病気休業の先生の代わりに学級担任をする「フリーランスティーチャー」として仕事をしている。1978年、札幌市生まれ。著書に『豊かな感情が育つ！　論理的思考力が身につく！　音読指導のアイデアとコツ』（ナツメ社、2015）ほか。

授業が終わろうとしている

●公立中学校教員の肩書とのお別れ

今回の連載が30回目。この節目の回が、北海道の公立中学校教員として書く最後の原稿である。

3学期に入って、いろんな事情もあって、やや落ち着きを欠いている中1と中2の授業について、それぞれ、最後の最後まで毎日微修正を繰り返しながら、授業に挑んでいる。

中1は、チェルノブイリ原発事故をモチーフのひとつに据えた名木田恵子《なきたけいこ》さん（注1）の『レネット―金色の林檎』（金の星社、2006）を、全員に1冊ずつ渡して、毎時間少人数での読書会をしている。それに、辞書引き学習と、これも10年以上ぶりに本格的に取り組んでいる「見たこと作文」（現東北福祉大学教授の上條晴夫さん（注2）が小学校の教員時代に開発した作文メソッド。詳細に知りたい方は、すでに絶版だが『見たこと作文でふしぎ発見―たのしい作文の授業づくり』学事出版、1990、を読んでほしい）とを組み合わせ、久々の「オムニバス型」に近い授業構成である。

中2は、ガイダンスの時間も含めて6時間はライティング・ワークショップ。それが終わったら最後の数時間はペア読書（複本のものを数十ペア用意しなければならない…）と決めている。こちらは大規模なワークショップ形式の授業だ。

3月8日。中2のライティング・ワークショップが終了した。

中2の作文表現というのは本当にすごい。他学年と比べようもないほど、カオスであり、リアルで切実であり、自己中心的であり、社会的だ。今年は結局全部で4回作品提出（出版）があったわけだが、回を重ねるごとに、その重みと、おもしろさで、読みながらこちらがはちきれてしまいそうだ。まして、やや教室の状況が落ち着かないなかでの作品集は、ものすごい存在感だ。

以下、3つの作品を紹介する（生徒の作文やコメントは原文ママ）。

●私の思い

私はいわゆるオタクだ。数年前であれば痛いヤツ、キモチワルイなど世間からの目が冷たかった。けれど、ここ数年でその目も少なくなり海外からも注目されるほどのアニメ文化が広がった。こういうのは私はとてもいいと思う。少しでもオタクの人が肩身が狭い思いをしない国になったということです。

私は数年前からアニメが好きでオタクだ。冷たい目で見られた覚えがあるかと言われれば少ない方だ、一番辛かったのが親戚にキモチワルイとマジの顔で言われたことです。いまでもその人に会うのが怖いです。

けど、一番ありそうな同級生に言われた覚えがありません。だけど、陰で言われてたのかもしれません。けれど、私の耳に入ってはきてません、セーフです。正直陰でどうこう言われていたっていいです。そんなの人間が相手より上であると確信したいだけの泣き言です。人間は弱いからそうやって自分を守るのです。

そんな事を言われていたことなんていまは関係ありません。ただこんな私でもみんなのように接してくれるみんなとても感謝しています。ありがとう。

面と向かって言えない私の弱さですね。なので今回は文字におこしてみました。見返すと恥ずかしいものですね。今度は言葉で気持ちを伝えることに挑戦したいと思います。

●14歳のリアル

私はいま、14歳。これからリアルな話をする。私はストレスがたまりやすい。だからストレスを発散するためにゲームをする。そのときよく人に言われる。

「いつまでゲームしてんだよ。やめろ。」

男子は言われたことがあるだろう。私はこ

れに腹を立てる。せっかくのストレス発散が逆にたまってしまう…と。

私はいま、14歳。これからリアルな話をする。私はネガティブ。だからすぐ落ちこむ。そのときよく言われる。

「きりかえ。きりかえ。」

ネガティブな人は言われたことがあるだろう。私はこれに腹を立てる。そんなにすぐきりかえられない…と。

私はいま、14歳。これからリアルな話をする。私は人が嫌い。だから毎回人と話すとき声が小さくなる。そのときよく人に言われる。

「聞こえねーよ。」

人嫌いは言われたことがあるだろう。私はこれに腹を立てる。もともと声小さいし…と。

私はいま、14歳。これからリアルな話をする。私は学校が嫌いだ。だからなるべく行きたくない。そんなときよく人に言われる。

「楽しいべや。」

生徒は言われたことがあるだろう。私はこれに腹を立てる。そんなわけないだろ・・と。

私はいま、14歳。これからリアルな話をする。私は自分が嫌いだ。だからストレスはたまるしすぐ落ちこむし人と話すときは声が小さくなるし学校に行きたくなくなる。そんなときよく人に言われる。

「もっと自分のこと考えろ。」

自分嫌いは言われたことがあるだろう。私はこれに腹を立てる。自分が嫌いなのに考えたくない・・・と。

●あのときは…
あのときは
かわいくて　小さくて
あのときは
仲が良くて　一緒に遊んで
あのときは
優しくて　友だちおもいで
あのときは

一生懸命で　あきらめないで
あのときは
一緒に笑って　一緒に泣いて
あのときは
おでかけに行って
おそろいのものを買った
でも、もう
あのときとはちがう君。

●ライティング・ワークショップの振り返り

子どもたちに、最後に、自分とライティング・ワークショップのことを短く書いてもらった。2年間で50時間を超える取り組みのなかで、彼らのなかで起こった変化、気づきはどんなものだろうか、と思ったのだった。

読みながら、さすがに、ぐっとなった。表現ベースで子どもたちと向き合う授業を、選択してきてよかったと、思う。

＊　＊

「他人の考えを知って、自分の考えを広める。それだけで生きていくなかの大事な所だと思った。」

「書くことを決めるまでが大変だけど、書きはじめたら止まらない。」

「基本的に楽しかった。けど、やる気があるときとないときで取り組みやすさが違った。なかなか自分の書きたいものをあらわせなかった。」

「みんな自由に書いているのを見て、とても自分好みの授業だなと思いました。」

「最初の方は、自分の思っていることをうまく書けなかったり、周りの反応とかを気にして自分のことを書けなかったりしたけど、回数を重ねるうちに書いてみようかな～と思えた。」

「自分としっかり向き合う時間をくれてありがとう。まだ自分のことはよくわからない。けど、自分が考えてたり思って

いたりすることを知って、文章にできたことが人生にプラスになりそう。」
「ひとりでやることも大事だし、みんなでやることも大事だと感じた。」
しかし一方で、書く技能そのものについてのコメントや感想が少ない。この問題をどう捉えたらいいのか…。宿題を渡された気持ちになる。

（2017年3月）

注1　名木田恵子　日本の児童文学作家。1949年、東京生まれ。著書多数。2007年、第31回日本児童文芸家協会賞受賞（『レネット 金色の林檎』金の星社刊、2006）。1977年度、水木杏子《きょうこ》名義で原作を担当した『キャンディ・キャンディ』で第1回講談社漫画賞少女部門受賞。『ふーことユーレイ シリーズ』（ポプラ社、1988〜2001）、『アイランダー物語　アンの島の人々』（中公文庫、1997）などがある。

注2　上條晴夫　東北福祉大学教授。NPO授業づくりネットワークの前理事長。ワークショップ型授業などに造詣が深い。

2章　先生・学校の伴走者

2章

7

先生・学校の伴走者

休み休み考える

●引っ越しは本とCDの処分から

2017年3月末に退職し、生活の拠点を東京に移して最初の1ヵ月が過ぎた。

引っ越しは予想通り大変だった。なにしろ雑誌をのぞく本だけで5000冊くらい、CDは6000枚くらい。いろいろ考えたが時間切れで、大半を処分した。要するに段ボールに積めて売るのである。

ぼくが暮らしていた北海道の上士幌町は、一番近い中古買い入れ業者（ブック○○とか、そういう名前のところ）まで30キロくらいある。自分の車で数百冊ごとに分けて持ち込んでも、査定にやたらと時間がかかってしまうだけで、まったく割りに合わない。

ではどうしたのかというと、いまは実に便利な時代で、「宅配買取」というネットサービスを利用した。要するに配送業者との連携で、業者が家まで集荷に来て、後日、業者から買い取り価格のメール連絡があり、その価格に納得なら、インターネットのサイト上で「ＯＫ」を押せば完了。翌日、銀行口座に入金される。配送料もかからない。着払いなのだ。

こうした買い取りのシステムや値段から、世の中のいろんなことが見えてくるなあと思う。特に本の場合、圧倒的に「新しいもの」が高価（といってもたかが知れた額だが）に取り引きされるということがわかった。そもそも最新の本やＣＤを買い取って、すぐに売り出す「新古本」という新しい用語を開発して、古本なんて手にしたくないという人たちに新しい価値観を提供し、中古本販売産業をコンビニ並みの明るい空間にしたのも、「ブック○○」である。恐るべしだ。

もちろん丁寧に１冊ずつやりとりすれば高額で引き取ってもらえる本やＣＤはたくさんある。でも自宅で段ボールに詰めるだけというのは、実に簡単だ。本を愛するぼくとしては、そういうインスタント発想にからめ取られたくないと思いながらも、結局全面的に頼ってしまうわけである…。こうしたよくできた商業システムに出会うと、社会は巧みに意識されないような形でシステムのなかにぼくらを組み込んでしまっているんだなあと、改めて気づかされる。これが当たり前のなかで育つ子どもたちは、きっとぼくの感じるような小さな驚きや疑問のようなものも持たなくなるのだろう。

ちなみにＣＤは、本の市場とはちょっと状況が違う。ぼくのＣＤの中心はクラシックなのだが、クラシックは本に比べれば高価に買い取りされる。そもそもいまや音楽は大半がｍｐ３などの音楽ファイルでやりとりされているが、それになじまない年配の層が、ＣＤというスタイルでの購入保有にこだわる。高齢層だから、お金もある。結果クラシックのCDは思ったよりもずいぶん高額で買取された。

本もいまや、Ｋｉｎｄｌｅやｋｏｂｏで読む若者がどんどん増えている。そうすると、やがて、書籍に関しても、CDの例のように、タブレットのディスプレイで読むことに抵抗のある高齢層が、安定的に高値で売買したりするようになるのだろうか。そんなことも考えた。ちなみに、6000枚のCDは60万円くらい、5000冊の古書は4万円くらいでの引き取りだった。

●東京での生活は新鮮だ

そうしてこの4月から、まあとりあえず、新しい生活がはじまった。東京の国立市というところにあるひと部屋だけの小さな小さな居住空間だが、厳選した本に囲まれてまずまず幸せだ。IKEAに行って最小限の家具のようなものも揃《そろ》えた。この部屋で、月に1回若手の先生方が集まって研究サークルを実施する流れもでき、早速第1回を終えたところでもある。

妻子や実父は北海道なので、結構頻繁に北海道に戻っているが、とにかく、家で煮炊きもできるようになった。学校がなくなって、ストレスもなくなり、快適である（笑）。もっとも、東京に来た途端に、自分の家庭のこととか、いろいろ聞かれてストレスである。そもそも、なんでそんなことをいちいち聞かれるのかわからない。家庭のありようはさまざまでいいはずではないか。しかも多くの人が、ぼくに直接聞けばいいのに、ぼくの友人に遠まわしに聞いているらしい。離婚したのかとか、新しい仕事は何か、みたいなことも…。すごく嫌な感じだ。そもそも、ぼくみたいに、目標やゴールや夢を積極的に設定せず、そのときそのときの感情や思いを大切にしながら生きる人の生き方が、なかなか認められていかないのは悲しい。

仕事については（まあぼくの感覚では「趣味」なのだが）、当初の計画通り、何も決めずにやってきたのだが、小中学校での研修をはじめ、大学での講師の話、民間教育系の研究会の開催の話、教育に関する企業体との連携の話などが、少しずつ入ってきている。

先日は、特別支援教育の視点から、学校と子どもたちとを外部から支援している企業体LITALICO《りたりこ》の木村彰宏さんと渋谷で打ち合わせをした。打合せの時間まで少し間があるので、スクランブル交差点を一望できるところで、15分くらいだろうか、交差点の人と車の流れを見ていた。渋谷にはこれまでも何度か来たことがある。また、この交差点の映像は何度も何度もテレビや映画で見たことがある。しかし、実際に東京で暮らすという現実のなかで見ていると、改めて何ともいえない不思議な感情が沸き起こってくる。月並みだが、一人ひとりの顔が見えない。自分もまたそこを歩くごま塩のようなひとりになってしまったのだろうかと、そんな気がしてくる。また、ごま塩のひと粒になって、このまま埋もれていくのも悪くないかと思えてきたりする。そういえば、昔つき合っていた人が、何かのときに、「私は大きな街に行って、誰も知らないところで隠れるように混ざりこんで暮らしたい、と時々思ってしまう」と言っていたことを思い出す。彼女の感情は、こういうものだったのだろうか、と思ったりもする。

だが、このままごま塩のひと粒も悪くないと思う一方で、早速中学校に呼んでもらって、教室を見せてもらい、子どもたちと給食を食べ、担任の先生と2人でその日の振り返りを丁寧に話し合ったりしていると、ああ、ぼくもついこの前までこういう空間のなかにいて、こういう日常のなかで、こういういろいろな悩みと向き合って暮らしていたんだなということをリアルに思い出す。そして、やっぱり自分は「学校」という場所がとても好きで、そういう人間の匂いがする場所が好きなんだなと思う。

実はこの1、2年たくさんの研究仲間が学校を辞めた。それらの先生方には希望なり実現したい夢なりがあり、新しいステージに進んでみたいという願いがあるようだ。だが、そうした方々の所信に触れるにつけ、自分との違いを感じる。ぼくはどうやら辞めたのではなくて、これまでも何度か繰り返してきたように、インターバルを取っているのだなあ、と感じる。

休み休み考える。学校を辞めることを大ごとだと思う人が多いようだが、ぼくにはそれほどでもない。自分のこれまでのやり方あり方の延長が、いまの選択なのかなということが、少しずつ自分に見えてきたところである。

（2017年5月）

少しずつ学校訪問しています

●インターバルなのです

4月に東京に来てから、基本的には何の職にもつかず、ゆるやかな日々を送っています。その状態をようやく、「ぼくはインターバルを取っているんです」と胸を張って言えるようになってきました。これまでいろいろなテレビドラマや映画などで、繰り返し勤労世代の男性が職を失って苦悩するといったテーマのものが取り上げられてきました。ぼくもいくつも見ています。そういうものが形成する社会的なイメージが、知らず知らずぼくの価値観も左右しているのでしょうか。当初は、みんなが働いている時間に町をぶらぶらしている自分になんとなく後ろめたい気持ちを持っていたのかもしれません。

でも、何かのきっかけがあったわけではありませんが、1、2週間で、「ぼくはいまキャリアのインターバルの時期なんだ」と言えるようになりました。おそらく、これまでの教員生活のなかでも、極小規模校への転勤や大学院、育児休業などをインターバルとして上手に取ってきたからかもしれません。ぼくは基本的に、自分のために休むということについて、一般的な人たちよりも自由なのかもしれません。

さて、インターバルという意識をはっきり持てたこともあって、4月後半からは、いろいろなところに顔を出して、自分のために必要だなと思うことをのんびりとインプットするようになりました。たくさんの、これまで会うことができなかった人たちに会いに行くようにもなりました。幸い、ぼくがこれまでしてきたことに興味を持ってくださる方はそれなりにおり、よい出会いが続いています。

これまでは、自分が講師として参加する研修会でさまざまな人に出会う機会が多かったのですが、いまは研修会などは自分で積極的に企画したりはしていません。また自分の日常を情報発信することも極力控えているので、声がけも最小限です。そのことで、とりあえず自分の時間と思考の時間や読書の時間、執筆の時間を確保したいと思っています。

ただ、教員時代と違って、いろんなことが決まっているわけではない。人に会う時間などもまちまちですから、生活のリズムがいまひとつうまくつくれません。朝はほぼ同じ時間に起きていますが、1日のタイムコントロールがなんともいえなくのろっとしたものになってしまいます。読書も執筆も自分の思い描いていたようにはうまくいきません。まあ、しょうがないか、と思ってはいます。のんびり、ゆるやかにを意識しています。

●自由に書けないのは苦しいな

さて、春まで勤務していた上士幌中学校での実践については、写真や生徒の作品なども、できるだけそのままの形で雑誌記事や書籍に掲載していました。これは、担任を持ったときに保護者と本人からの教育研究上の許諾を取っていたからできることでした。書籍に関しては、生徒一人ひとりに1冊ずつプレゼントするというルールになっていました。

子どもの顔出しや作品の論文・原稿掲載は何十年か前までは当たり前でした。しかし、人権意識の高まりにより、こうしたことはほぼなくなっています。いまでは、学校で起こるさまざまなことは固有の事象事態として原稿などに書くことは難しく、一部の学術論文以外、一般化して、ある程度「技」の形にして書かれるようになりました。このことは、教育書の自己啓発本化やマニュアル化の背景にあるものとも考えられます。また、ごく少数とはいえ、実際の教室や授業の記録を美化して書く書き手の存在が噂《うわさ》され、そのことへの批判が出たりもしています。

ところで、事実の正確な記録なしの教育記録が広がる結果、本物の実践記録、切実な教室の事実が、書き記された実践書が、ほぼなくなってしまいました。ぼくが教員になった頃は、学級通信をまとめた本などでも、出版のためにリライトされていない生資料が掲載されたりしていました。しかしいまは、子どもの名前もまともなエピソードも書かれていない学級通信は可能でしょうが、まともな学級通信ならばほぼ絶望です。

先に、人権意識の高まりと書きましたが、どうもそれだけではないのでは、とも感じています。いわば、書き手の萎縮《いしゅく》、この連載でも以前に取り上げましたが、自己規制や自己検閲も背景にあるのではないか、と。

いずれにしても、これはなかなか難しい問題をはらんでいると思います。やはり、本物の手触り・質感の伝わる文章に触れることで、伝わることがある。たとえばこの連載は、ほぼ生の資料を提示することで、ある程度の読み応えを担保してきたといえますし、事実、前作『学校でしなやかに生きるということ』でいえば、何人かの読者は、久しぶりに重厚な実践記録を読みましたと言ってくださるわけですが、そこには、それが生資料に近い手法で綴《つづ》られているということが絶対にあるのだろうと感じます。

一時的に現場を離れてみると、これまでのような生資料を書き記していくことはなかなか困難です。もちろん教室がありませんから、教室のリアルを書けないということはあるのですが、そういいながらも、ぼくは定期・不定期にいくつかの学校に入っているのです。しかし、これらの学校について、これまでと同じように書き記すことはできません。これはなかなかの悩みです。訪問する教室では実際には毎日いろいろなハプニングが起きていて、子どもたちと先生とのさまざまなドラマが展開されています。さて、それを、どう記述していくか。いまの立場でのぼくの課題です。

●たとえばある教室では…

4月からどんな風にいろんな教室に入っているのか少しお話しすると…。毎月1回必ず入ることになった中学校の教室があります。国立市立国立第一中学校の井上太智さんの教室。理科です（笑）。ほかにも校内研修に年間数回入ることになった学校もあります。講師として読み聞かせなどをおこなった教室もあります。どの教室にも、固有の息吹があって、すてきです。そのなかからひとつ関西の某市の学級に入ったときのことを報告しようと思います。

その学級には朝の2時間目の途中から入り、放課後まで滞在しました。5時間目は、ぼくが読み聞かせを交えた国語授業をすることになっていました。

ちょうど今年はじめて気温が30度近くまで上がった日でした。それにたったひとりとはいえ、はじめて教室にお客さんが来ています。子どもたちが、まったく落ち着きません。そもそも教室に入ったときに、すでに座席に座っている児童が数名という状態なのです。

算数、音楽と続いていく授業では、実に多様な物語が教室のあちこちで展開されていきます。子どもたちは実に多様です。お題目でなく、「インクルーシブ（包括的な）」を実現できないと、子どもも先生も大変です。先生は若くて誠実で、子どもたち一人ひとりの思いや考えを受け止めてあげようと必死です。見ながら、ぽろっと涙が出そうになります。

ぼくの読み聞かせも、聴いているのかいないのか、なんだかよくわからない感じで進んでいきます。本の前に座っている子はたくさんいるけれど、ずうっと後ろのロッカーの上に並んで座り、聞きながら、不規則発言を楽しそうに繰り返す子たちもいます。そういう様子を見ながら、「ロッカーの上からでも参加してるやん」「すごいやん！」「ああ、小学校もええなあ、次は小学校教員でもええねんなあ」と（関西なんで、関西弁で）思ったりするのです。

（2017年7月）

先生・学校の伴走者

協同で学ぶことの価値を一緒に積み上げたい

●終業式の教室で…

前回、少しだけ、現在入っている関西圏の小学校のことを書きました。

5月の連休後に訪問した際、小学校3年生のそのクラスは、25名ほどの子どもたちがなかなか居心地のよい状態をみんなでつくることができず、試行錯誤の最中でした。

あの日のことを振り返ってみると、教室のあちこちで頻発する喧嘩。学ぶことになかなか前向きになれず、教室内をふらふらとさまよう子ども。時間を守るなどのルールを順守することの大切さをまだ身をもって感じていなくて、授業がはじまってもしばらくは校庭から帰ってこない子ども…。いろんな子どもたちがいっぱいの教室でした。教室によかれと思って入れている畳が、自由自在に授業中に持ち運ばれているさまは、いろいろ示唆的です。岩瀬直樹さんらが提唱している「教室リフォーム」実践の導入です。本に書いてあるよい実践の導入…。でも子どもたちにはミスマッチです。アセスメントをスタートにした教室づくり、授業づくり、若い先生、経験の浅い先生には本当に難しいことだよなあと思います。

それでも、その教室のなかで、まだ若い担任の先生は、実に粘り強く子どもたちの話を聞き、子どもたち同士でかかわり合いながら学ぶ授業づくりに心を砕いていました。子どもたちが一つひとつの事案をよりよく解決していけるようにするために、それら一つひとつのトラブルを起点として、授業やクラスづくりを進めようとする姿は感動的でした。

さて、7月の終業式。暑い日でした。この教室に、再度入りました。

久しぶりに入ったその教室は、5月の時点とは、教室の空気が一変していることに驚きました。子どもたちの体の緊張感がほどけつつありました。実は、歩き方や立ち方、ものを運ぶ様子などを見ながら、体のバランスが悪い（本人は自覚していないでしょうが）子が結構いるなあと思っていたのですが、今回の訪問では、それが前のようには気にならなくなりました。2回目だからぼくが慣れたということではないと思います。こわばった声や不必要な大声もなくなりつつありました。一人ひとりの子どもたちの歩くペースも以前よりゆっくりです。つまり、全般にゆるやかに生活するようになったなあと感じられるのです。休み時間を終えて教室に戻ってくる子たちも、以前よりもぐぐっと早くなりました。担任に訊くと、「これでも結構、チャイムを意識するようになったんです」と苦笑ぎみにおっしゃるのですが、「これでも」ではないと思いました。子どもたちが、教室に戻ってくることに価値を見出しつつあるのだと、感じました。

●授業が変わりはじめて…

そうした全般的な行動や様子の変化にも増して感心したのは、授業中の様子でした。何よりも、子どもたちが男女の枠を超えて、互いに学び合い、学びに集中できない子を誘ったり、助け合ったりしている。子どもたち（集団）が、ずいぶんと変化していると感じました。

この日は、終業式終了後の教室での時間は2時間のみ。その1時間は、夏休みの宿題をクラス全体で、立ち歩きも自由にしながら、話し合ってどんどん解いていく時間でした。宿題は学校全体で取り組まれているもので、担任が自分の裁量でやめることは難しいなかで、担任の粋な配慮でもあります。

猛暑のなか、大方の子が粘り強く取り組んでいます。よく見ると、ひとりで取り組んでいる子もいるし、4、5人のグループで解いている子もいる。ひとりの子のところへ移動して、手助けする子もいるし、グループの成員も固定的というわけではなく、子ども同士が結構自在に動いていきます。

そのなかに、教室の後ろの席に移動せずひとりで座って、宿題を解いている子がいました。この子が授業時間の後半、大粒の涙を流して泣きはじめました。後ろから宿題を見ると、あまり解けていません。文字もややたどたどしい。その子の教室内の掲示物を改めて見ると、勉強に苦戦していることが伝わってくる子でした。できなくて泣き出したんだなと思うと、胸が締めつけられました。

すると、別の子どもが、その子の横に座りました。何かを話しかけるわけではない。ただ黙って座っているのです。それからさらに机にうつぶせて泣きはじめたその子のほっぺたを、しばらくすると、優しく何度か引っ張りはじめました。すると、しゃくりあげて泣いていたその子がだんだん落ち着いてきて、顔を上げました。そして笑顔が戻っていきます…。

この子は、勉強ができないときもなかなか周りに相談ができないのだと担任はおっしゃいます。でも、必ずそのうちできるようになるはずだ、と。その話を聞きながら、2ヵ月の時間のなかでの教室の大きな変化は、信頼をベースに、個別でも協同でも選択的に学べる状況を、先生がつくり続けてきた結果だと感じました。また、そのことの価値を、子どもたちも先生と共に共有しはじめたからだ、と感じました。

●学級・授業が提供するものって…

名古屋大学の内田良さん（注1）らの動きによって、大きなうねりが起こりはじめている部活動の方法やあり方をめぐるさまざまな見直しの問題について、ぼくも強い関心を持っています（内田さんの『ブラック部活動　子どもと先生の苦しみに向き合う』［東洋館出版社、2017］は必読です。杉本直樹さんの『部活動指導の心得　現場教師による現場サイズのブカツ論』［明治図書出版、2019］も必読です）。

ぼくはこの連載にも、これまで何度か書いてきましたが、小学校の少年団活動や中学校・高等学校の部活動のあり方に大変懐疑的です。しかし、その根にあるものが、長いこと自分でもよくわかっていないところもありました。

ぼくがかかわる研修会でも、少年団や部活動の指導者になりたくて教員になったという人にしばしば出会います。こうした教員がほぼ一様におっしゃるのは、自分にとって部活動は役に立ったということです。それで、どのように役に立ったのかと訊くと、「人間関係の大切さを学んだ」「努力することの素晴らしさを学んだ」「素晴らしい指導者に出会った」といったことが次々と出てきます。

でも、それを聞きながら、改めて、彼らが少年団や部活動で学んだことの大半は、クラスや授業のなかでこそ学んでほしいことではないか、と思います。部活動の価値として感じていることの多くが、本来授業やクラスでこそ感得されるべきことだと思うと、残念です。

また、得手ではない部活動の指導を任された若手教員が、授業や学級づくりのことに十分に注力できない実態があることも、さらに悪い循環を生みだしているようです。ぼくは部活動を全否定はしません。でも、学校の本丸であるクラスと授業で、子ども同士が十分に試行錯誤しながら学べることが保障されているならば、ブラック部活動の連鎖も断ち切れるのになあ、と感じます。

紹介した関西圏の学級ですが、子どもたちは居心地のよいコミュニティづくりにトライし、学ぶことの楽しさと豊かさを経験しつつあります。こうした学校が本来提供していかなければならないことを、大変だけど、本気で実現しようとする担任の姿に心が動かされます。ステキな学級で共に学ぶことの価値を体感した子どもたちが、教育の世界を志してくれる、そういうケースがたくさん増えたらいいなあ。

（2017年9月）

注1　内田良　日本の教育社会学者、名古屋大学准教授。専門は教育社会学。ウェブサイト「学校リスク研究所」・「部活動リスク研究所」を主宰。

「評論家」のいない授業検討会をつくる

●「校内研修」の場づくり

先日、関西圏の小学校で研究授業の授業検討会（いわゆる事後研修と呼ばれる校内研修）に呼ばれ、その場のファシリテーションを担当する機会がありました。これまでこの連載ではあまり紹介してきませんでしたが、ぼくが以前から最も関心を寄せてきた領域がこの「校内研修」で、いまも、自分が一番積極的にかかわっていきたいと考えている領域でもあります。

この日の研究授業は小学校4年生で実施されました。担任はまだ30代前半で、この学校が初任校でもあります。国語の授業です。

どんな内容の授業だったかも細かくお伝えしたいところですが、実は今回お話ししたいことはそこではありません。「校内研修」の場づくりについて考えていることをお話ししたいのです。

この学校の先生方は管理職を含めても20人に満たないほどです。小さな学校なのです。その職員が放課後全員集まって、この日の授業について検討会をします。こうした形でおこなわれる校内研修は、日本の公立の小中学校ではオーソドックスなものです。研修のテーマ（仮説）を立てる。そしてその仮説を検証するために授業をします。事前の授業づくり（学習指導案検討）から当日の授業参観を経て、校内研修（授業検討会）とそのまとめに至るまでの流れは、「レッスンスタディ」とも呼ばれて、海外でも大変注目されてきた日本の誇るべき校内研修の典型スタイルなのです。

しかし、みんなで授業をつくり上げて検討していくことは大切だけれど、構成メンバーである先生方の互いの教育観や子ども観、授業観が共有されているとはいえない状況では効果は期待できません。みんなの考えが、ときには対立も生みながら、それを乗り越える形で共有されていく（互いの考えや立場が「相互承認」されていく）ためには、そのための十分なしかけが必要なのです。それは学校の規模の大小にかかわらずどこも同じです。もっと踏み込んでいえば、小異がクローズアップされて抜き差しならない状況が生まれやすいということでいえば、むしろ小規模な職員集団の方こそ難しい、ともいえます。仮説検証の前に、まず職場づくりが必要、というのが多くの職場の現状です。

ところで、研究授業の事後検討会はこれまでは概ね次のように実施されてきました。

①授業者と司会を担当する研修担当者が前に座る。
②場合によっては、来訪している指導主事や学校長なども前に座る。
③参観した先生方は一般的な教室のように前側を向いて座る。

④最初に授業者がその日の授業のねらいや実際の流れのなかで感じたことを全体に話す（ぼくはこれを敗者の弁と呼んでいます　苦笑）。
⑤次に司会者が、フロアの教員から質問や意見を取り、授業者が応答する。
⑥最後に指導主事が講評し、学校長が謝辞を述べる。

近年はＫＪ法などの付箋《ふせん》活用の方法や、授業の振り返りシートの活用などが一般化してきました。また教員の意見が共有できるコンピュータソフトが活用されるなど、先にぼくが示したほど単純な流れではないのですが、細部にいろんなものがはさまっても（笑）、概ね全体の形式は変わりません。ＫＪ法や振り返りシートの活用自体も、きちんと学ばれているとはいえません。「ナンチャッテ」になっていることもしばしばです。

さて、この関西の小学校でぼくが実施した流れは次のようなものです。

①授業者と司会者（ぼく）は前に座る（この日は指導主事はいませんでした）。
②参観した教員が３名１組でグループをつくり（この日は６グループ）、向かい合わせに机を挟んで座る。
③授業を見るなかで気になったポイントを事前に付箋に書いてもらい、それを読んで、授業のなかで一番注目が集まっていた部分を、もう一度（15分程度）参観者を相手に同じように授業してもらう。
④その後、参観者に、参観していたときに感じていたことと、学習者として授業を体験して感

じたことを重ね合わせて、気づきや感想をテーブルの3名で話し合ってもらう。
⑤各テーブルの話がどのようなものだったかを全体に話してもらう。
⑥授業者と司会者（ぼく）が、フロアの意見を踏まえながら授業について公開で「対談」をする。
⑦対談を踏まえて、各テーブルでもう一度今日の気づきや感想を話し合う。
⑧学校長から今日の研修の気づきを話してもらう。

ここでの大きな違いは「授業の一部を参観者に体感してもらう」ことと、授業者と司会者とで「対話をする」（対談をする）ということです。

実は、前者は東京学芸大学の渡辺貴裕《たかひろ》さんと岩瀬直樹さんが提案している研修（注1）にヒントを得たものです。また、後者は日本女子大学の澤本和子さんが提案している研修（注2）にヒントを得たものです。それに、10年ほど前からぼくが自分の学校の校内研修で実施してきたものとを組み合わせています。

参観者が自分の身体感覚をくぐらせて（なってみて）考えるということと、授業者のリフレクションを促すということの両方が組み合わされることで、授業体験が学校の知の財産として感得されていくはずだというもくろみがあるのです。

●職場づくりの核に

実はたいていの学校では、校内研修の方向について、自分の教育観や授業観と異なると感じて、前向きになれない先生方がいるものです。一方で校内研修を推進する立場の教職員もいて、特に秋以降、校内研修が精力的に進められる時期になると、学校内の意見の相違が大きく、対立が先鋭化してくることさえあります。双方居心地の悪いなかで、学校のなかで暮らしていくことになります。それは先生方の関係だけでなく、ときにはおもしろくない気持ちで過ごす職員室での関係が、子どもたちとの活動にも暗い影を落としていく場合もあります。

そうすると、どこの社会でもありがちなことですが、研究授業のなかでの微細な齟齬《そご》が、さらにとても気になったりして、検討の場でも、それをことさらに取り上げ責めるような感じになることもあります。

当事者にとっては、とてもとても難しい問題です。

ぼくが校内研修に取り組んできたのも、研修のコンテンツの質を上げること以上に、職場づくりの核として機能する可能性を持った場が、職員関係を冷やしてしまいがちであることが残念だったからです。校内研修は本来一人ひとりの強みが生かされ、伸ばされ、互いへの理解が深まる結果、信頼が高まる、そのように機能するのがいいに決まっているのです。

先にあげたぼくのプランは、そうしたことを念頭に置いて、小さな失敗ではなく、授業者の子どもたちへの思い、授業への思いをすくい上げて、みんなで共有できる場所をつくりたいなあということで進めてきたものです。

この日の授業はなかなか授業者の思った通りには進行しませんでした。でも、参観者が授業を今度は学習者として体験することで、実際の授業の内容に寄り添う形で、気づきや学びを話せるようになりました。また、授業者と司会者とで丁寧に公開対話をすることで、授業者が授業で大切にしたいと考えていたことが、研修に参加する先生方にも共有できました。

みんなが「我がこと」として授業に向かうことで、「評論家」のいない授業検討会をつくる一歩を踏み出すことができたようです。

（2017年11月）

＊なお、校内研修については、2019年春に2冊の雑誌の巻頭原稿（注3）を書く機会をいただきました。そちらもぜひお読みください。

注1　**東京学芸大学の渡辺貴裕さんと岩瀬直樹さんが提案している研修**　『日本教師教育学会年報』（第26号、2017年版、日本教師教育学会）所収の「より深い省察の促進を目指す対話型模擬授業検討会を軸とした教師教育の取り組み／渡辺貴裕・岩瀬直樹」（136-146頁）に詳しい。

注2　**日本女子大学の澤本和子さんが提案している研修**　『国語科授業研究の展開─教師と子どもの協同的授業リフレクション研究─』（澤本和子編著、授業リフレクション研究会、東洋館出版、2016）に詳しい。

注3　**2冊の雑誌の巻頭原稿**　『総合教育技術』（2019年5月号、小学館）、『教職研修』（2019年5月号、教育開発研究所）。

2章
11
先生・学校の伴走者

学ぶことが大切にされているか

●学校は子どもたちの学びを保障する場

ぼくはこれまでも何度か書いているように、現行の教科教育ベースの学校カリキュラムに限界や疑問を感じています。70年前にはテレビもコンピュータもなかったのですから、その時代から教科がほぼ変更されていないことのまずさは容易に想像できます。国語・算数といったずうっと変わらない教科の枠組みを子どもに押しつけて学ばせ続けている状況は疑問です。その点の検討が一向に進まないなかで、道徳が教科化されたりする流れは非常にきついと感じています。

しかし、一方で、一人ひとりの子どもを大切にするとか、コミュニケーション力を育てるとかいった言葉の下で、専門的な学びが大切にされないとしたらそれも大きな問題です。学校は子どもたちの学びを保障する場所です。また、子どもたちが生涯学び続けていくための基本的情報を得、マインド（心構えのようなもの）を育てる場所でなければなりません。

なぜそんなことを書くか。校内研修の講師としてさまざまな学校に入ります。たとえば国語の研究授業が終わり、放課後の事後研修会のなかでは決まって、「子どもが生き生きと活動していた」「普段は話さない○○ちゃんが話をすることができた」などといった話が出ます。それ自体はとても素敵なエピソードなのですが、教科のなかで企図したねらいと関係のない抽象的な子どもの反応や、少数の子どもの反応で授業全体を捉えてしまう感じには疑問が湧いてきます。

ちょっとわかりにくいかもしれませんが、教科の持つ固有のおもしろさ、専門性に基づく楽しさをベースとした学びを実現しない限り、子どもに学ぶことそのもののおもしろさは伝えられません。本当の学びの豊かさおもしろさに出会うことで、はじめて子どもたちは生涯学び続けられます。

一人ひとりの子を大切にするのは当たり前のことだとして、授業の質を議論するには、専門的な素養が必要で、個々の教師が一所懸命学ぶ必要があるとぼくは考えています。地方都市の疲弊の連鎖を砕き自ら生活改善できる力は、学力保障とセットです。学び続ける力＝学びの基礎体力を育てることが必要です。教科学力を大切にせず、子どもの活動の活発さなどに安易に話を回収してしまっては、個人とコミュニティの将来的な支援にはつながらないと感じています。

校内研修のなかで、とかく子どもの参加状況や活動状況の話に落とし込まれてしまいがちなところを踏みとどまる。どんな学びの力を身につけさせてあげたいのかに引き戻して議論する。ここを大切にしたい。教科の枠組みの見直しは必要だけれど、だからといって、教科の専門的な学びを軽視するのは間違っています。「学ぶことが大切にされているか」は、大切な大切な視点です。

●授業のユニバーサルデザイン化、「みんなの学校」への疑問

先日、ある雑誌を読む会に参加しました。日本で最も歴史の古い教育雑誌『教育』（教育科学研究会編、かもがわ出版／注1）の2018年1月号第2特集を読んで議論する場です。20数名が集まっていました。昼から夕方遅くまでのほぼ半日の会で、ぼくは最後の1時間半しか参加できませんでしたが、とても刺激的でした。1月号の第2特集のテーマは「指導とケアの狭間」。所収論文は4本。田中康雄「医療から見た学校の生活――ぼくの個人的見解」。赤木和重「わが国のインクルーシブ教育の進展と排除」。加茂勇「特別支援学級の現場から――子どもと家族の声をもとに包摂とは何かを考える」。久冨善之《くどみよしゆき》「ケアと指導と教育実践」。

特集担当は、教育科学研究会の「発達障害と教育」部会世話人である加茂勇さん（注2）と久冨善之さん（注3）。インクルーシブ（インクルーシブ教育）がテーマです。その視点から、「授業のユニバーサルデザイン化」（以下、UD授業／注4）の問題点や、大阪の大空小学校（映画「みんなの学校」の舞台／注5）への疑問などがストレートに記述されていて、ドキドキワクワクです。両方とも概ね「よいもの」として肯定的に語られることがほとんどだからです。

実はぼくはこの両者のどちらにも疑問もありますから、第2特集の趣旨や方向性には概ね賛成できます。

ＵＤ授業は、そもそもの志には共鳴できるところがたくさんあり、ぼくも日本授業ＵＤ学会にも入会しています。しかし、ＵＤ授業の現場での受容・運用の実態は厳しいと感じています。現在の授業のあり方（教室で先生が講義的・一斉的に知識を伝達する、座席のデザインが一様にスクール型である、授業全体を貫く課題がひとつで単線的にその課題を全員に追究させ、子どもの側に学ぶ内容についての選択権がほぼない、など）を疑うことなしに、これまでと変わらない授業形式を維持（延命）するために、視覚物提示や興味づけで乗り切ろうとしているのではないかという疑問はぬぐえません。そもそも全員の子がひとつの課題に胸をワクワクさせて取り組むなどということはほぼないはずです。個々の特性は違うのですから。授業のユニバーサルデザイン化など、完全にはあり得ないわけですが、イメージがあらぬ方向にひとり歩きしている感じは否めません。

また「みんなの学校」についていえば、映像や書籍での切り取り方の問題もあるのかもしれませんが、広く宣伝されているキャッチフレーズ（支援学級がないとか）と実態との乖離《かいり》や、ほとんど普通の授業、日々の授業が語られないこと（どうも授業が二の次になっている感じが否めないこと）への懐疑はぬぐえません。大空小学校には特別支援学級は存在しているし、そのための担任配置もしっかりおこなわれています。また包摂的な人間関係づくりが大切なのはわかるけれど、学校生活の大半は授業なのです。阿部学・伊藤晃一（注６）『授業づくりをまなびほぐす ここからはじめる クリエイティブ授業論』（静岡学術出版、２０１７）のなかで、千葉の定時制高校の国語教師である伊藤さんは「学びで傷ついた生徒は学びでしかケアできないのではないか」と問題提起しているのですが、まったくその通りなのではないかと感じます。学びで傷ついた子どもたちは、やはり本物の学び体験（を保障する授業）でケアされることがなければ、本当にケアはされないはずです。

冒頭でも書きましたが、今年は校内研修支援の機会がたくさんありました。子どもたちの人間関係の「しんどい」教室がたくさんあります。地を這《は》うようにして頑張る先生方の姿には心を揺さぶられます。ただ、研究・研修的に考えると疑問が湧き起こることはたくさんあります。国語の授業なのに、国語の専門性は二の次になって、子ども同士が交流して素晴らしいといったことに回収されてしまう…特別活動と、国語の話す聞く活動や、書く活動との切り分けが、実は先生のなかでも明確になっていない…。子どもたちのつながりづくりは大切だけれど、それは深い学びのなかでこそ、本当は育まれるものです。地方の切り捨て疲弊が深刻化するなかで、子どもがその負の連鎖を、自分で断ち切っていける学ぶ力をしっかり育ててあげてほしい。そのためにしっかりした授業を積み上げてほしい、そう願うのです。

（2018年1月）

注1　『教育』　日本で最も古い教育雑誌として知られている。戦後日本の民間教育研究を中心的に支えてきた教育科学研究会の編著によって毎月刊行されている。

注2　加茂勇　教育科学研究会「発達障害と教育」部会の世話人。新潟の小学校教諭。

注3　**久冨善之**　教育社会学者。一橋大学名誉教授。日本教育学会理事。著書多数。

注4　**授業のユニバーサルデザイン化**　現日本授業UD学会理事長の桂聖《かつらさとし》さん（筑波大学附属小学校）らが提唱した、授業推進の形式・考え方。詳しくは　http://www.udjapan.org/　を参照

注5　**大阪の大空小学校**　インクルーシブを掲げ、木村泰子校長在任中から「みんなの学校」として広く注目を集めている。

注6　**阿部学・伊藤晃一**　阿部学さんは敬愛大学国際学部准教授。伊藤晃一さんは千葉県内の定時制高校の教諭。2人とも千葉大学教育学部の藤川大祐《だいすけ》さんの門下生である。協同で執筆した『授業づくりをまなびほぐす　ここからはじめるクリエイティブ授業論』（静岡学術出版、2017）は、大変ユニークな教育書として注目を集めた。

「校内研修」の話をもう少し深掘りすると…

●「校内研修」への入り方

2017年度は4月から日本各地の学校に入りました。学校とのつながり方はさまざまですが、そのうちの大きなひとつが、校内研修の講師として学校に入るということです。これまでも連載のなかで少しずつ「校内研修」の話をしてきましたが、少しまとめてこの辺りのことを書いておこうと思います。

最初に、「校内研修」にぼくがこだわる理由を、お話ししておきたいと思います。もともと学校で教員同士が意見を民主的にやりとりできる場所として職員会議があります。しかしいまその職員会議は、膨大な案件を上から下へ流して承認するだけの場になっています。そうしたなかで、まさに校内研修だけが、活用の仕方を工夫すれば、教員同士が一堂に会して互いの教育観や子ども観を持ち寄って話ができる唯一の場として機能しうると考えているからです。しかし、「活用の仕方を工夫すれば」と書きましたが、校内研修も、難しい研修課題を押しつけられ、黙々と課題をこなしていく場になっている場合が少なくありません。まさに、考え方の転換も含めた「工夫」が必要なのです。

ぼくの「校内研修」への入り方を考えてみると、概ね4つのパターンがあります。

①招聘された教室を観て、担任（担当）の先生と振り返りをする。
②招聘された教室で子どもたちに授業をする。
③校内研修の講師として授業づくりや学級づくりに関して提案する。
④校内研修そのもののファシリテーションを担当する。

4つのパターンのうち、ぼくにとって自分の興味関心を十分に刺激される入り方は①と④です。今回はその④について書いておこうと思います。

2017年度、④のパターン、つまり、校内研修そのもののファシリテーションをまかされたのは、数校ありますが、このうち典型的なパターンでの展開になった、横浜市立永田台小学校の様子を紹介します。

●永田台小学校の校内研修

永田台小学校は、横浜の弘明寺《ぐみょうじ》駅近くにある古いベッドタウン（多摩ニュータウンみたいな団地群）にあり、各学年2から3学級。児童はさまざまな国籍出自の子が増えてきています。

校長の住田昌治先生は、校長として8年在籍。当初からユネスコスクールの考え方をすべてに浸透させていくことを目標にした経営方針をゆるやかに提示しています。特に教師の仕事が持続可能でなければならない、ということを掲げ、校内のさまざまな点を省力化しつつ、学校を外部に開き、SDGs（持続可能な開発目標）に基づく学校づくりが実現しつつある全国屈指の小学校として注目を集めています。公開研修会は年間数回おこなわれています。この研修会の流れ（特徴）は次のようなものです。

①研修会の告知は簡素で温かい手書きの案内で、それをＰＤＦ化したものをＳＮＳ発信している。

②毎回の研究会にゲストスピーカーが招かれる。

③授業は毎回２本公開されるが指導案の検討などはおこなわず、書式も授業の流れのみの簡素なものである。

④授業教室前には大きな模造紙が貼られ、そこに参加者がどんどん大判の付箋に気づきや感想を書いたものを貼りつけていく。概ね子どもの素敵な場面と、先生の頑張りの部分の２枚の模造紙シートであり、終了後の研修会の場に運び込まれて、全員で歩きながら見る（ギャラリーウォーク）。

⑤研修の担当者が毎回交代で研修会のファシリテーションを担当する。

⑥授業に関する検討はおこなわない、授業はあくまでも話題提供である。

⑦参加者が、参加者から出されたいくつかの話し合いたいテーマに分かれて、「円たくん」と呼ばれる円形のホワイトボードテーブルを囲んで書きながら話し合う。
⑧参加者一人ひとりが、授業や教室づくり、学校づくりをもう一歩進めるための工夫を付箋に書き、それを会場の壁面に掲示する。研修のたびに書いたものを掲示するので、毎回少しずつ問題意識が進展していくことになる。

ぼくは2016年度から永田台小学校及び住田校長とのつながりがあります（43頁～参照）。2017年度は、一度公開研修会を訪問（このときは各階を回って希望の教室で絵本の読み聞かせの「流し」をしました。この日のゲストスピーカーは聖心女子大学の永田佳之《よしゆき》さん（注1）でした）しました。今年度も一度は一般参加者として参加（ゲストスピーカーは横浜国立大学の金馬《きんま》国晴さん（注2））し、もう一度はぼくがゲストスピーカーという立場で参加しました。

ぼくがゲストスピーカーとして参加した回では、⑥と⑦の間に、授業者2名とぼくとの「鼎談《ていだん》」を挟みました。澤本和子さんの対話型リフレクションがモデルです。15分ほどの短い鼎談で、「授業を進めていくなかで、最初考えていたプランを変更したいと思った場面はどこだったか」ということに焦点を当てて、授業者の意図を浮き上がらせたいということです。これを一旦挟んだ後、「今日の授業の進め方」「持続可能に授業や学級を進めるためには」（1年間安定してブラックにならずに幸せに仕事を続けることが学校では難しくなっているのです）「総合的な学習の時間との関連づけをどうするか」「道徳を進めていく上での問題点は」「永田台小学校の研修会スタイルの成立過程は」といった、参加者から出てきたテーマに沿って話し合いが進んでいく形に進めていくようにしました。

永田台小学校の公開研修会のよさを4点にまとめてみました。

①授業が2本だけの公開で参加者がすべての授業を見て臨めること。

②授業の巧拙や良し悪しを議論するのではなく、あくまでも学校のなかの普段の姿のひとつとして提案されて、それを素材に拡散的に話が進んでいくということ。

③参観者が話し合いたいテーマを選択できること。

④研究者から実践者、さらには学校支援のNPO関係者まで多様な人材が毎回の研修会に自然に集まる流れが生まれており、校内研修会の話し合いの質の向上が期待できる好循環になっていること。

しかし、授業そのものについての議論が十分でなく、授業の質の向上が十分とは言えないのではないかという心配もあります。また授業の意図や授業者の大切にしていることが十分に参観者に伝わらないのではないかという心配もあります。こうした心配を、対話型のリフレクションを検討会に入れることで、解消の手がかりとできないかと考えての試みでした。

この日の対話型リフレクションは大変よく機能しました。授業者自身が自分の授業や子どもたちの取り組みのなかで大切にしていることについて十分に語る機会になって、よかったと終了後の振り返りで話していました。
ぼくがこうした形で校内研修に入る目的は、いくつかありますが、ひとつは、学校のなかで先生同士が継続的に持続可能に研修できるための手立てを残そうということです。対話・鼎談の手法を活用して同僚同士が互いの実践の背景を掘り起こしていくことができれば、互いの実践への信頼をベースとした学校づくりが進んでいくはずだと考えています。ゆるやかに学校を変えていくお手伝いをしたいのです。

（2018年3月）

注1　永田佳之　聖心女子大学文学部教育学科教授。「持続可能な開発のための教育（持続発展教育：ESD）」、国際理解教育、多文化共生社会と教育、オルタナティブ教育、ホリスティック教育などが専門。フィールドワーク、ワークショップなど広範な活動を続ける実践的研究者である。

注2　金馬国晴　横浜国立大学教育学部教授。教育課程、カリキュラム論などを専門とし、特に現代の生活科・総合的な教育の時間につながる戦後の新教育やコアカリキュラムについての研究を進める数少ない研究者である。

先生・学校の「伴走者」

●新年度（2018年度）がはじまりました

一応、風来坊のように日本全国を回るのは今年（2018年）が最後だろうと思って、精力的に各地を回っています。来年は、どこかの学校の軒下に入れていただこうと思っていることは、ぼくの活動に関心を持ってくださっている人にはある程度認知されているらしく、今年は春からいろんな依頼が入っています。

受けた依頼はできる限り引き受けようと決めているので、日程調整を図りながら予定を入れて、結果結構あちこち飛び回っています。

4月の2週に活動を開始しました。某大学の講義を拝見し、その後は都内の中学校、徳島の小学校、北海道の小学校、大阪・京都・奈良の小学校や中学校、名古屋の中学校と回りました。いわゆる学級開き・授業開きを見るという機会はとても貴重で、ワクワクする日常です。

その間の土、日曜日には稚内《わっかない》、東京、徳島、高松、京都、大阪、南紀太地町《なんきたいじ》（和歌山県）など、方々で小さな研修会を開催してきました。南紀太地町は、新大阪から4時間。陸の孤島のような場所なので、おそらくこの地では近年実施例のない民間研修会。ゴールデンウィーク前半に、20名を超える参加者…。ひとりの田舎教師として一番やりたいと思っている、田舎の先生方の学びの場づくりに協力できる喜びをかみしめました。

さて、こうしたことを1年間続けていけるだろうかと、自分の体力や気力とも相談しながら歩いているわけですが、なんとかやれそうです。要するに、酒を飲まず、炭水化物を採り過ぎず、寝不足にならないように過ごせば、やれる。学校教員として働いていた頃よりも、むしろ健康です。

ぼくは現場が次々と変わっていくいまの状況が合っているようです。ですから来年以降の学校勤務はやっぱり1年とか半年とか単位の臨時職員をつないでいくのが、よさそうです。時間講師もよさそうですね。ちなみに昨年4月にフリーになってから、この4月にはじめて収支が拮抗《きっこう》しました。それまではずうっと持ち出しが多かったわけで、その状態が続くことも覚悟していたので、ちょっと驚きです。

「仕事」として成立する可能性が見えてきたということです。

さて、で、学校で何をしているのかというと、これは昨年同様、先生個人の授業を拝見して2人で対話をするというパターンがひとつ。校内研修の講師として校内で講座をするというパターンがひとつ。校内研修のデザインとファシリテーションを丸ごとするというパターンがひとつ。

教室に入って授業をするというパターンがひとつ。この4つのパターンの組み合わせです。

先生個人にせよ、学校研修にせよ、基本的にその先生、学校のニーズをお聞きしながら、それに合わせて必要なことを一緒に考えていくことは同じです。

先日は大阪南部の中学校に入りましたが、依頼を受けているのは中学校3年生の教室での国語の授業、そして放課後の校内研修の講座です。でも朝から入って朝の学級活動を拝見し、終日ほぼすべての教室に入って授業を拝見し、国語の教科チームの先生のお話を聞き、学校長と対話し…それを踏まえて6時間目の国語授業と、放課後の校内研修での提案をしていきます。

この日の校内研修では6時間目におこなった授業を、校内研修のなかで同じように体験してもらい（再現授業、と呼んでいます）、学習者としての実感をお話しいただくということは最初からプランニングしていました。でも、一日授業を見て考えが変わりました。再現授業の前に、一日の授業のなかで撮影した写真を使って、それぞれの授業（者）の強みと、さらによくするポイントをお話しすることにしました。これは、堀田龍也《ほりたたつや》さん（注1）や岩瀬直樹さんが使っている方法にヒントを得たものです。いろんな研修会に参加して見せていただいたことも、ぼくには大いに役に立っています。

●校内研修の実際を紹介します

たとえば、この日拝見した中学校1年生の美術の授業についてです。

春の色を表現しようという練習単元的な1時間です。グラデーションなどの手法も、教えていくようです。
典型的な春の風景を模した図案（無地）が配付されていて、それに子どもたちが着色していきます。おもしろいのは、画面の真ん中を上から下まで貫く2本線のカーブを描く溝を、ある子は水色で塗り、ある子は茶色で塗っていること。つまり、川と認識して春の絵を描き進めている子と道と認識して描き進めている子がいるわけです（写真下）。
ひとりの子にちょっとインタビュー。
石川：これは川？
生徒：はい、川です。
石川：これは相談して川にしたの？
生徒：いいえ…川じゃないんですか？
石川：いや、前の子も川にしているけど、他の子は道にしている子もいるよ。
生徒：え、そうなんですか！
つまり、この子は、誰かと相談して川にしたわけではなく、

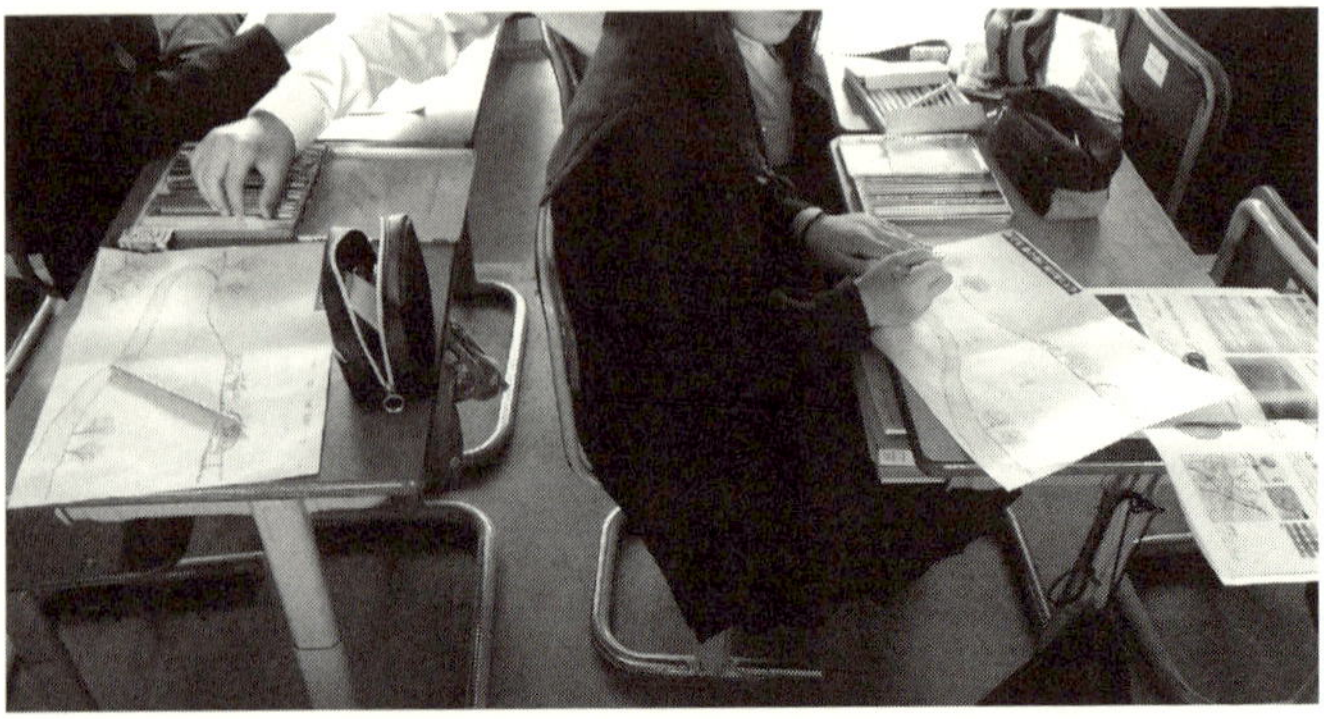

自分で川と認識して描いているわけです。

これまでの授業のパターンなら、この後出来上がった作品を、生徒同士が見合って、川と認識している人と道と認識している人がいることに気づいて驚く。「同じものを見ていても人によって表現ってこんなに違うね」という話を先生がするというような流れになりそうです。事実この授業もその流れかもしれません。互いの表現の違いを見合うということは、間違いなくするでしょう。この時間の教材は、そうした違いが鮮明になるので、とてもおもしろいと思います。

でも…。

ぼくなら、互いに話し合って描ける状況を積極的につくっていくことで、それぞれの制作のプロセスをみんなが共有できたらいいのに、と思います。その方が、先生が最後に秘密を明かすようにして授業を展開するよりも、子どもたちの発想や技法の交流は圧倒的に進むでしょう。

そこで、列の前後に座っている生徒が、前の子も「川」にしていることを知らずに、真ん中の溝を青く塗っていることがわかるように写真を1枚撮影し、それを、校内研修のなかで紹介して、小さな解説を加えていく…と、まあ、こういうようなことをしていくわけです。

●「伴走者」と仮命名しました

最近、自分がしているこうした「仕事」を、仮に説明する言葉を見つけました。「伴走者」です。実際には現場の先生方と一緒に地を這《は》うような仕事ですから、走ってさえいなくて、「伴歩者」というぐらいがふさわしい感じなのですが、まあ、とりあえずぼくの仕事は「伴走者」です、というように、説明するようにしています。

伴走者は、5月の連休明けからは、大阪、富山、新潟、横浜と、待ってくれている人たちとの伴走を続けていく予定です。

（2018年5月）

注1　堀田龍也　東北大学大学院情報科学研究科・教授。メディアと教育のかかわりについて研究を進める第一人者。著書も多数あり、さまざまな学校の研究にも精力的に参画し、発言を続けている。

「伴走者」はたくさんいた方がいい

●「伴走」してくれる人を増やす

前回お話ししたのですが、ぼくのいまの仕事は、〈先生・学校の「伴走者」〉というような感じです。日本全国の学校・学年・教室を巡って、先生方の横を走りながら一緒に考えるのです。2018年7月頃は、おそらく九州の数校を巡って、大阪、会津若松での研修会を終えた辺りでしょうか。

ですが、学校の教員の仕事というのは、マラソンのようにコースが決まっているわけではありません。たくさんの子どもたちとかかわる教員の仕事の走路はたくさんあります。ですから、「伴走者」といえば、ランナーのすぐ横をひとりが一緒に走っていくイメージですが、学校教員の仕事の伴走はひとりよりもできるだけ複数でするのがいいと思っています。

そこで、自分の入る場所には、できるだけいろんな方に同行していただくことにしています。

●事例その1「K太鼓」

たとえば大阪南部の小学校を訪問したときのことです。たまたま関西圏を別件で訪問されていた渡辺貴裕さん（注1）が、1日日程が空いているということで同行していただきました。なかなか厳しい環境の教室で、子どもたちの立ち歩きも普通です。ぼくがいわゆる飛び込みで、授業をするときでも、立ち歩きがやまないこともあります。

その日は、ぼくが担任の先生の教室をお借りして、1時間の国語の授業をしていましたが、授業の途中から数人の子どもが飽きはじめ、立ち歩きがはじまりました。渡辺さんは、教室の後方に行き、壁を叩きはじめた子をじいっと観察していました。が、しばらくしてぼくのところへニコニコ顔でやってきて言うのです。

「晋さん、これって、K太鼓だよね！」

教室の後方の子が壁を叩くリズムがK太鼓（この地域の有名な祭りを彩る太鼓のリズム）だというのです。この教室にはこれまで半年間に数回入っており、通常の授業を何度も見ています。同じようなことも何度も見ています。ですが、その先生に指摘されるまで、まったくぼく自身は気がつかなかったことでした。

放課後に、教室担任も含めて対話がはじまっていきます。ご存知の方も多いと思いますが、大阪の南部地域は小中学校の教室の状況がとてもしんどいところが多いのです。貧困・差別さまざまな問題が重層的に絡み合っています。そうした困難さのなかで、学校の授業も子ども同士の関係性を育てるところに関心が集まりがちです。ですから、教育課程的にいうと、「特別活動」的な部分に指導が寄せられがちです。たとえば国語科の研究授業などでもそうです。国語科としてのねらいが子どもたちに届いているかが授業を考える主軸になるはずです。しかし、「普段は話さない○○くんと△△くんが一緒に活動できてよかった」とか「いつもは別室で学習する□□さんが参加できてよかった」とか、そういう話がいつの間にかメインになっていきがちです。

担任と渡辺さんと対話しながら、この地域で教科の学力を育てることの意味について話が進んでいきます。授業の場を離脱して太鼓のリズムを刻む子どもたち。この地区の子どもたちのためにあの勇壮な祭り以上の「特別活動」（もちろん比喩的な意味ですが）を学校が用意するのは無理だよね、という話になります。学校はやっぱり腰を据えて、子どもたちの学びを保障しなければ、と。複数の「伴走者」と現場に入ることではっきりと見えてきたわけです。この日の詳細については別の本（注2）にも書きました。ぜひそちらもお読みいただきたいと思います。

●事例その2「受験学力とのせめぎあい」

以前にも紹介した国立市立国立第一中学校、中学1年生の理科の授業です。井上太智さんの授業には、昨年1年間に十数回入り、今年度は1年生担当ですが、同じように入っています。ここは、交通の利便性などの条件もあり、たくさんの方々が入れ代わり立ち代わり来て、一緒に授業を参観していきます。ほぼ毎回タイミングを合わせて一緒に見てくださるのが教育ジャーナリストの後藤健夫さん（注3）です。

井上さんの授業は、子どもたちに単元にかかわる〈問い〉をたくさん出してもらい、それを子どもたち自身が実験器具なども作成しながら追究していく流れになっています。さらにそこからまた次の〈問い〉が発生してくるという、課題生成・追究のサイクルで進められていく授業です。

さて、冬休み明けの授業のことです。いつもなら子どもたちが、理科室中を自由に立ち歩いて、主体的・協同的にどんどん実験を進めていくはずです。ですが、この日は、なぜか教科書に載っている実験を順番に進めていった後、子どもたちは席についてノート整理をはじめる子がいます。いったいどうしたことでしょう？

同行の後藤さんがぼくに話します。

「晋さん、机の上見てごらんよ。冬休み前と違うでしょ」

そう言われてもぼくにはわかりません。

「ほら、冬休み前にはなかったものが置いてあるよ」

それではじめて気がつきます。大手の塾の問題集があちこちにテーブルの上に載っています。子どもたちは冬休み中に塾の冬期講習に通い、そのまま塾通いがスタートしているのです。後藤さんは自分に見えているものを話してくれます。

「晋さん、子どもたちのなかから湧き上がってくる〈問い〉が、受験的な解答主義に呑《の》み込まれていく姿だよ」と。

井上さんも交えた放課後の話で、そうしたことが話題になっていきます。井上さん自身は、なんだか変だなと思ってはいるのですが、その違和感の根が何かわかりません。こうした対話のなかで気づいていくことになります。井上さんもさすがです。「どうする?」というぼくらの問いに、「そりゃあ子どもたちに訊きます、最近の授業楽しくないよね、このままでもいいのかな、どう思ってる?」と。

ぼく以外の方が同行して一緒に走ってくれることではじめて見えてくる視点です。伴走者はたくさんいた方がいいのです。

●教室は雑木林

いまは6月が終わったところです。4月から定点観測で入っている学校・教室について、ちょうど2巡目にあたるときでした。河原井純子さん（注4）の「学校（教室）は雑木林」という言葉の的確さをしみじみと感じています。春の素晴らしい出会いの時期は、どのクラスも樹下に美しい花々が咲き乱れるかのようです、しかし雑木林の6月はいわばうっそうとした下草が生えはじめる時期。どの先生も試行錯誤を繰り返しながら格闘の日々です。夏からの3巡目で、どんな姿に変わっていくのか、間近に見せてもらう機会をいただいていることに感謝して、ゆるやかに伴走していくつもりです。

（2018年7月）

注1　**渡辺貴裕**　東京学芸大学教職大学院准教授。斬新な授業研究提案などで注目の若手研究者。演劇的手法を中心的な研究テーマに掲げている。『授業づくりの考え方―小学校の模擬授業とリフレクションで学ぶ』（くろしお出版、2019）などの著書がある。

注2　**『遊び・育ち・経験―子どもの世界を守る（シリーズ・子どもの貧困2）』**（松本伊智朗・小西祐馬・川田学編著、明石書店、2019）

注3　**後藤健夫**　教育ジャーナリスト。大学コンサルタント。早稲田大学法科大学院設立に参画。元・東京工科大学広報課長・入試課長。『セオリー・オブ・ナレッジ―世界が認めた「知の理論」』（ピアソンジャパン、2016）を企画・構成・編集。現在も最新の教育行政課題について旺盛《おうせい》な発信を続けている。

注4　**河原井純子**　東京都立七生《ななお》養護学校で性教育指導にかかわる政治的介入を受け、以降、根津公子さんらとともに君が代日の丸不起立不歌唱の運動に参画するなどした。『学校は雑木林―共生共存の教育実践と「君が代」不起立』（白澤社、2009）が主著。

授業記録を読もう、書こう

●NPOの話を少しさせてください

ぼくは2013年から、今年度で30周年を迎えたNPO授業づくりネットワークの理事長をしています。正確に書くと、授業づくりネットワークは今年度で30年になりますが、NPOの法人格を取得したのはほんの数年前で、それまでは任意の民間教育研究団体（注1）として活動してきました。大手の出版社から月刊で教育実践誌を発刊し、年間数回の全国規模の教育研修会を開催してきたわけで、それなりに名の知れた研究団体です。

難しい話はちょっと置きますが、戦後日本では戦争への深い反省に立って、公の組織とは一線を画した自主的な教育研究団体がたくさん生まれました。それらをたとえば、民間教育研究団体というようにひとまとめにして呼ぶことが多かったようです。そうした団体は相互に、ときには激しい議論の応酬を繰り返しながらも、概ね一緒に協力しながら、文部科学省が提案する教育施策ともそれぞれの距離を保ちながら、自分たちの考える理想の教育を掲げて活動してきました。授業づくりネットワークもそうした戦後の民間教育研究団体の歴史のなかに位置づけることができます。

こうした教育研究団体の特徴のひとつは、自分たちで実践記録を持ち寄って発表し交流し合うということでした。後に賛否両論激しい議論を生んだ教育技術の法則化運動なども、教室のレポートを持ってきて、参加者と議論するということについては、それまでの各種団体の方法を踏襲していました。

少し説明が長くなりました。

特に2000年前後くらいから、この、教室の出来事や授業の記録を持ち寄って学び合うということが、一気に弱くなったのです。いろんな事情があります。ひとつは、コンプライアンスの強化の流れのなかで、教室のリアルな出来事をそのまま話しにくくなったことがあるでしょう。また、教育学部のカリキュラム変化による教養主義の後退のなかで、読み手の読む力が徐々に下がってしまったことも挙げられるでしょう。さらには、教員に対するネガティブキャンペーンが続くなかで、教員自身が委縮《いしゅく》してしまった（このことは前作のなかで、自己検閲の進行という言葉を使って危惧《きぐ》を書きました）ということがあるでしょう。

●授業記録を読もう、書こう

そこで、ぼくらのＮＰＯは最新号を「授業記録を読もう！書こう！」（注２）と題して、全国の学校の授業を取材した記事を12本、とにかく集めました。

授業を見ることに関しておもしろい視点を持っていると思われる実践者や研究者にお願いをして、取材をしていただきました。義務教育の学校だけではなく、高等学校の記録、さらにはフリースクールの記録もあります。特別支援学級の記録もあります。実は、依頼先は倍近くあったのですが、たくさん断られました。教室の息吹が伝わる記録を公にすることが、本当に難しくなっていることを実感しました。

授業づくりネットワークはかつて、ストップモーションビデオ検討（注３）というビデオを活用した授業の検討会の方法を開発していました。まず実際の授業を参観する（もしくは模擬授業として生徒役などで体験する）。その後、その授業のビデオを参加者みんなで見る。参加者は気になったところがあると「ストップ」と声をかけてビデオを止めて質問や意見を述べる、という検討方法です。

それまでの授業検討は、授業をみんなで見るところまでは同じなのです。が、その後は授業者が授業について考えていたことや実際に授業をして考えたことを述べます。これがまるで、敗戦の弁を述べるかのような感じになりがちです。そして、司会者が「意見や質問のある人はいますか」と参加者に問うと、一家言のありそうなベテランの参加者が、自説を交えて意見や質問を滔々《とうとう》と述べます。こうして授業の事実そっちのけの自説の応酬の空中戦になっていきがちです。

その点ストップモーションビデオ検討は目の前に授業の事実が打ち出され、ビデオを止めながら意見や質問を言うので、観念的な話になることを防ぐことができます。画期的な方法でした。

そしてこの授業検討の方法を、授業記録にも生かそうということで登場したのがストップモーション授業記録です。たとえば次のように書いていきます。かつてぼく自身の授業をサークルの仲間と検討した際の記録の一部です。国語のメディアリテラシー（テレビCMを分析する）の授業です。『　』が教師の発言、「　」が子どもの発言という記述上のルールがあります。

教師入室。挨拶はなし。

『それじゃあ、はじめます。』

参加者A「いつも挨拶しない？」

石川…はい、すぐ授業に入ります。

教師、前の時間は新聞の一面記事を比較したことを確認する。

『身近なメディアということだと、新聞もそうですが、やはりテレビだと思います。今日は、テレビCMを見てもらいます。まずプリントを配ります。』

配付する。「先週の月曜じゃねえか」という声。ここまで2分20秒。

石川…「どの時間帯のCMかな？」というプリントと新聞のテレビ欄です。

『ある番組の時間帯に放映されたテレビCMを集めてきました。どの時間帯のCMでしょう。これから、みなさんに見てもらいます。大きく分けて2本あります。それぞれ、CM1、2と名づけました。それぞれ4分50秒。4分30秒あります。番組の最初と真ん中に入ったものを集めたのがCM1、番組の後半と最後に入ったものがCM2です。』

どの番組かを当ててもらいます。

『プリントの、「そう考える理由」というところには、箇条書き用の3つのポイントが打たれていますが、ひとつ書ければOKです。』

さらに教師は、見たことのあるものもないものもあること、FNN系列であること、先週の月曜日の番組であることなどを補足説明する。

『CM2には、ヒントになるのではないかと思われるCMも間違って入れてしまいました。では見ましょう。』

ここまで5分。

参加者B…丁寧な話し方で、発問内容や指示もわかりやすいと思います。
参加者A…もっと短く端的に指示すべきじゃないかな。早く活動したそうですね、生徒。
石川…たしかにそうですね。

こうした形で授業を「協同的に」検討し、授業者もしくは自身が記録していくことで、自分の授業についてのリフレクションができます。それをさらに誰かと読み合うことでリフレクションが深まります。また記録を読む読み手が、授業のなかで起きるさまざまなことについて意図を考えたり、自分だったらどうするかと考えたりするなかで、読み手にもリフレクションが起こります。
書く方も読む方も、ひと手間を必要とします。でも、どこの教室なのかもわからない、教師はおろか児童生徒の姿も見えないハウツー実践レポートがあふれかえるなかで、こうした地道な営みをもう一度大切にする必要を感じています。

（2018年9月）

注1　**民間教育研究団体**　基本的には、公的機関ではない立場で教育研究をそれぞれの主義主張に基づいて考え提案していく研究団体のことだが、歴史的な経過などもあり、詳しくは『教師教育』（上條晴夫編著、さくら社、2015）所収の筆者の論文を参照いただきたい。

注2　『授業づくりネットワーク』30号「授業記録を読もう！　書こう！」（学事出版、2018）。大手の本屋やamazonで購入可能。

注3　**ストップモーションビデオ検討**　主には『授業づくりネットワーク』誌上で藤岡信勝《のぶかつ》さんら教育学者によって開発された授業研究の手法がストップモーションビデオ検討である。80年代末から90年代まで教育実践界を席巻した手法である。その検討を誌上で再現したもの（細部にわたってはいろいろ違いがあるが）がストップモーション授業記録である。

3章　校内研修と教師教育

校内研修と教師教育

教師の「善意」が学びを止める

●秋の研修シーズン到来

30年近いキャリアのなかで、さまざまな地域・規模の学校で、教職員経験をしてきたことは、いまの「伴走者」の活動をはじめてみると、とてもよかったとしみじみと感じることが多くあります。

たとえば…。秋の研修シーズンに入り、いろんな学校に入ることが多くなっているのですが、そうしたもののなかに、小規模校からの依頼があります。ぼくは可能な限り、ただの助言だけではなく、授業もさせていただくことや、校内研修のファシリテーションをさせていただくことをお願いするのですが、さて、小規模校での授業は、経験のない人にはなかなか難しいものだろうと思います。ぼくの場合、小中併置極小規模校での経験がありますので、そうした学校が一様に抱えている問題点や、それがどのように授業づくりや教室づくりとかかわっているかも、かなりの程度イメージすることができます。まさに、よかった、という感じです。

●小規模校で考えていること

9月末から10月にかけて、山形、北海道の小規模校数校へ立て続けに入りました。ぼくにも小規模校の経験があるのですが、そうした学校の校内課題は、ほぼ決まって、子どもたちのコミュニケーションの力が育っていないので心配だ、話し合いが一向に深まらない、どうしたらいいでしょうというようなものが含まれています。

道北の中学校です。中学校1年生の4名の音楽鑑賞の授業です。先生はまだ新卒数年の若手です。楽曲に関する子どもたちへの解説があり、その後、楽譜を配付して、その曲の構造について子どもたちが探る授業です。楽譜を持ってくるなど、若い先生の意欲がびんびん伝わってきます。

さて、先生の解説の後の活動は、子ども同士によるペアでの学習です。

教室の隊形は、学びの共同体などでよく使われる、コの字型です。

「では、隣同士で話し合いましょう。時間は5分間です」と先生が指示したわけですが、問題はここからです。

コの字の真ん中に、指示した途端に先生が入っていきます…。あっという間にペアの前に立ち、話し合いに参加します。これでは…まったくペア学習にはなりません。片方のペアを相手に、先生が一斉授業の延長戦を続けている感じでしょうか。

道東の小学校。中学年の複式道徳です。児童数は女子ばかり3名です。二宮金次郎の教材で授業をしていただけないでしょうかという希望です（あ、ぼくが積極的に二宮金次郎を推奨しているわけではありません。ぼくは学校側からの要請に基本的にすべて従ってかかわることに決めています。学校側のニーズをスタートにしない研修は、概ねうまくいきません。意欲のあるところではじめて、学びは促進されます）。

二宮金次郎が薪《まき》や水を運びながら本を読むというくだりの実像を、子どもたちにイメージしてもらうのは大変困難です。そこで、子どもたちにランドセルをしょってもらい、廊下の一番向こうからこちらまで歩いてきてもらいます。そして、ぼくがひと言、「金次郎さん、どうしてそんなに重い荷物を背負いながら本なんて読んでいるんですか？」と質問し、応えてもらうわけです。

廊下の向こうにたどり着いた3名の女子は、なかなかこちらに向かって歩いてきません。担任の先生が思わず、大きな声で「早く来なさい」と手招きしましたので、ぼくが「あ、そのままにしてください」とお願いをします。2分くらいしたでしょうか。子どもたちのやりとりが終わって、こちらへ歩いてくる順番が決まります。ぼくにも長く思われた時間ですから、担任の先生にはきっとおそろしく長い時間に思われたことでしょう。わかります、ぼくにも経験があります。

子どもたちは、子どもたちが決めた順番に演技しながら歩いてきて、「時間がもったいないから、働く時間の間を使って勉強したいんだよ」「一所懸命勉強して、世の中の人のためになりたいんだよ」…。

その後も、話し合い活動のたびに、もじもじした沈黙が連続しますが、その度に、ぼくは少し離れた場所に置いた椅子に座り、彼らが話しはじめ、十分に話し終わるのを待ちます。

聡い担任です。子どもの思考の時間、子ども同士で問題解決する時間を、先生の先回りが奪ってしまうことがあることに気づいたようです。授業後、ぼくに、「あんなに待つんですね、先生がされたことの意味、すごくよくわかりました、いやあ考えさせられました」とおっしゃっていました。

山形の小規模校小学校。ぼくが国語の授業を進めます。途中、教科書を開かない子やノートを書かない子がいると、後ろで見ていた先生がその子のところへ行って、すぐに教科書やノートを開いたりします。それで、「先生、いいんですよ」とぼくは言います。そして子どもたちに、「お互いに声をかけられるといいね」と話します。

●学びを阻害する善意

「子どもたちのコミュニケーションの力が育っていないので心配だ。話し合いが一向に深まらない。どうしたらいいでしょう」は、つまり、先生方が子どもたちのコミュニケーションが促進する場面を摘んでしまっているからではありませんか、と問いかけ直したくなる感じなのです。

前作の一番最初の回でぼくが書いたことのひとつは、「教師の善意が子どもを苦しめている」ということでした。そこに立ち返って事態を捉え直してみると、要するに、極小規模校では、「教師の善意が子どもの学びを止めてしまう」という事態が起きやすいなあということだと思っています。

ちなみに、これは極小規模校だと目に見えてはっきりと表れるというだけで、大きな規模の学校でも、あらゆる場面で起きている事態だなあと感じています。

それで、こうした事態は、現実の問題としては多くの場合、学校の内部のリソースだけで気づくことが難しいようです。渦中にいる人たちが、内部で進行する事態を客観認知するのは難しいということでしょうか。もちろん、ぼくの願いは、そうした状況を実感を持って掘り起こせる教員、現場になっていってほしいということです。

しかし、多くの場合は、そのきっかけは、校内リソースの活用では難しく、外部刺激を必要としているようです。また、外部刺激は1度2度では、ちょうど整体を受けた後のようにすぐに戻ってしまうようです。ですから、ある程度の継続的な刺激を必要としている場合が多いと感じています。

そこにこそ、「伴走」の意義が生まれてくるわけですが、そのような学校とのかかわり方ができる人は限られています。また、職業としても現状では成立がなかなか困難です。

ぼくもその辺りで、ときには結構大きめの徒労感に包まれながら、全国の学校で伴走しています。

（2018年11月）

いま、「校内研修」が本当に向き合わなければならないこと

●2つの研究会を見ました

この秋、2つの学校の公開研究会を見ました。ひとつは、京都府の八幡《やわた》市立美濃山《みのやま》小学校（注1）。もうひとつは、東京都の小金井市立小金井第三小学校（注2）。前者は研究主任を藤原由香里さん（注3）が務め、研究的サポートとして東京学芸大学教職大学院の渡辺貴裕さんが入っています。後者は研究的サポートとして軽井沢にできる風越学園の設立準備財団の副理事長をしている岩瀬直樹さんが入っています。

日本では文部科学省、あるいは都道府県の教育局、区や市町村単位の教育委員会などによる指定を受けた学校が秋口から冬にかけて研究会をしていきます。この2つの研究会もそうした研究会のなかのひとつです。前者は京都府の指定研修、後者は小金井市の指定研修を受けたものです。学校は研究会の開催の有無にかかわらず、学校としての研究主題を決めます。通常は2年とか

3年とかいう期間を設定して、その研究主題に基づいて研究を進めていきます。「一人ひとりの学びの力を伸ばす授業づくり〜算数科の授業改善を主軸に〜」とか「主体的に考え行動する子どもの育成〜道徳科の授業改善を通して〜」とか、そういうタイトルで研究が進められていくわけです。

さて、上記2つの研究会の研究主題は、それぞれ次のようなものです。

①表現活動を取り入れた主体的・対話的な授業の創造 ― 表現しながら理解を深める学習者を育てる―（美濃山小）

②信頼をベースにした認め合う学級づくり〜聞き合い、語り合い、深め合う子どもたち、そして私たち教師〜（小金井第三小）

美濃山小学校の方は、おそらくこの時点では日本で唯一の「演劇的手法」（注4）を授業改善の中心に据えた研究主題に基づく研究会で、広く全国的な注目を集めました。130名前後の参加者です。後者の方は研究主題的には、学級集団づくりに焦点を当てた研究会として、全国から500人近い人が集まりました。いずれも、普通の小学校です。

美濃山小学校の研究の素晴らしさは、一つひとつの授業公開もさることながら、学校研究そのものをパワーポイントなどでの説明に頼らず、全職員による「演劇」で表現するというところでした。たとえば、研究を進めていくなかで、先生方が話し合いをし、授業の方法を考え出したりしていきます。また全員で演劇ワークショップを体験したりします。そういう場面を、実際に参加者の前で演劇で再現するわけです。パワーポイントでの発表などよりも圧倒的な臨場感があります。これはすごい。研究のサポートとして理論的なバックアップをしてきた渡辺貴裕さんは、研究の中身と提案の仕方、職員室のありようと子どもたちのありよう、など、従来乖離《かいり》しがちな点が、同じ思想で貫かれること(「同型性」と渡辺さんは呼んでいます)が大切だとされています。演劇的な手法を活用して授業づくりを進める職員が、自分たちの研究の仕方そのものを演劇で見せるわけですから、これはまさに「同型性」の体現になっていました。

一方、岩瀬直樹さんが入った第三小学校の方は、個々の授業の質はまだまだ玉石混交《ぎょくせきこんこう》でした。しかし何と言っても、研究を核として職員同士の互いに対する信頼の度合いが高まっているのだということがよく見えてきて、素晴らしかったです。かつては教員同士がかなりの程度同じような教育観・子ども観を持って子どもたちの教育に当たっていたわけですが、いまは教員集団自体の個々の価値観も多様化しています。同一歩調を取るというのではなく、互いの多様性を認めながら、チームで指導に当たっていく、いわば「同僚性」を生み出していくのがとても難しいなかで、これもまた見事でした。そのことを強く感じたのは、美濃山小学校と同じく、研究の内容を発表する場面です。ここは、演劇発表ではないわけですが、やはり普通のプレゼンテーションではなく、先生方へのインタビュー映像によって、職員の関係性が育《はぐく》まれていく過程がドキュメンタリー映像を見るように、あぶり出されていく、よく構成された研究内容の紹介が秀逸でした。そもそもこちらの学校は子どもたち集団の関係性を豊かにしていくための活動が研究の主軸なわけですから、クラスづくりと職場づくりとの「同型性」が育まれていくという流れも、説得力のあるものです。小金井市の教育長が、長年にわたって子どもたちの協同的な学びを実践研究されてきた大熊雅士さん（注5）になったことも大きな追い風だったように思います。もっとも500名もの参加者は研究公開の場としてはなかなか異例です。筑波大学附属小学校のような研究を見せることに慣れている子どもたち、先生方ではありませんから、いろいろと準備も大変だっただろうと推察されるところもありました。授業公開ではクラスにもよりますが、とても緊張した子どもたちも（先生も）いたように思います。

●いま、本当に求められる研修って

さて、従来の校内研修（に続く公開研究も）は、レッスンスタディと呼ばれる、授業研究を柱としています。この方法は特に日本でガラパゴス的に発達した手法ながら、その価値は広く世界に認められ、各国で取り上げる動きも進んでいると聞きます。

しかし、一方、いま、日本の学校の職員間の厳しい状況を考えると、授業研究をしている場合ではないのではないかとも思えます。

しかし、校内研修で授業研究を放り出して職場のチームづくりにのみ走るというのは難しそうです。それでは先生方が目的意識を共有しにくいでしょうし、そもそも先に示したように、授業研究を前提とする研究テーマを掲げることは、ある意味この国の学校組織の（ヒエラルキー上の）

お約束になっているわけです。と考えると、授業研究をおこなう体《てい》で、職場づくりをしていくということが、現実的な方向性なのではないかと思われます。先に挙げた2校は、まさにその問題意識を職員同士がある程度共有しながら、研究を進めて成果を上げはじめている例ということになるでしょうか。

とはいえ、これは実はなかなか難しいことでもあるのです。というのは、従来校内研修は、教科教育＝授業づくりベースなので、校内の先生方自身も教科の専門性を高めるという学び方以外の学び方があることに（経験がないので）関心が向けられません、また外部から招聘する講師も、教科の専門性の高い方になりますが、こうした専門性の高い方が、場づくりに精通しているとはいえないことがほとんどです。従って、よかれと思ってこんこんと教科の難しい話をねじ込んでいき、校内研修の場が冷え切ってしまうというようなことが起こります。

つまり、教科の専門性を語りながら、学ぶ場づくりもできる講師は、ごく少数になるわけです。ちなみに先に挙げた渡辺さんも、岩瀬さんも、また藤原さんも、そうしたことができる卓越した手腕の持ち主といっていい方々です。しかし、ほとんどの場合は、場づくりの視点がなく専門家を招聘し、研修がうまく進まないという状況に立ち至ります。

●顔の見える関係で選ぶ

学校研修に限らず、学校がさまざまな社会的課題と向き合うためのリソースを校内だけで満たすことは難しくなっています。校内研修もまた外からの援助を求めるのは当然です。ところでそうした場合多くは教科の専門家という名の下に、教育委員会などからのアドバイスを得ながら人的供給を受けます。ぼくはここに、確実に学校支援に結びつく顔の見える関係で選任するというプロセスが求められていると考えています。その際には、教科の専門家と、場づくりのプロ（職員個々が本来持つ力を引き出していける、いわばファシリテーションのプロとでも呼ぶべき存在）との両軸で講師を定期的に呼び、研修をつくっていくという意識が必要になります。

先に紹介した2校は、教科・領域の専門性とファシリテーションの技を併せ持った数少ないエキスパートが学校に入った例ということになります。しかし、これは幸福な例外なのであって、現実的には、2人、3人の教科・領域の専門家と職場の活性化を図るプロとの合わせ技で、人を学校に入れていく。そういうことが求められそうです。しかも、局や教育委員会のいわば「あてがいぶち」による人的配置に頼るのではなく、自分たちの目利きによって、自分たちの職場に本当に必要な人を選び出してくる…この人に来ていただきたいんだという人を選んでくる、そういう営みが求められるわけです。1度2度イベントのようにして呼んだところで効果は限定的ですから、継続して呼び続けられることが大切です、そうすると財源の確保の問題も出てくる。うーん、なかなか難しい。もっとも、そこをクリアしてきた先の2校のような例もあるわけですから、希望はあるはずです。

●次年度をどうするか

少し手前味噌な話になりますが、ぼくもまたそのようにしてこの2年間、各地の学校に呼んでいただいてきました。一応国語科のエキスパートとして、また在職時代から最大の関心領域として校内研修の活性化を捉えてきたひとりとして、それぞれの現場で、自分なりに奮闘してきました。特に校内研修にがっしりと入り込む形でかかわってきた大阪南部の2校と横浜市内の1校は、ぎゅっと重い手応えをそれぞれの職場の先生方と共有してくることもできました。もっとも変化は徐々に起こっていきます。学校側（管理職）はしばしば結果を性急に求めがちです。しかし変革は概ねゆるやかに進んでいきます。というか、ゆるやかであるべきなのです。

さて、次年度の自分の仕事をどういう風にしようかということを、思い悩む季節になってきました。いまのところは、自分が一応住居を置いている都内を中心とした地区で、時間講師をしながら、たとえば木曜日と金曜日を空けて、これまでと同じような学校支援ができないかなとは、考えています。自分にとってもはじめてのことばかりになるので、やりながら考えるという感じになる、新しいトライの1年です。

（2019年1月）

注1　**八幡市立美濃山小学校**　京都府の八幡市にある公立小学校。渡辺貴裕さんが研修に入り、演劇的手法を校内研修の柱に据えた、全国でも類例のない研修スタイルで注目を集めている。

注2　**小金井市立小金井第三小学校**　東京都の小金井市にある公立小学校。岩瀬直樹さんが研修に入り、協同的な組織開発に視座を置いた研修スタイルで注目を集めている。

注3　**藤原由香里**　八幡市立美濃山小学校の研修主任（国語専科）。兵庫教育大学大学院で集中して演劇的手法を学び、それを学校現場に援用する工夫を続けている。授業づくりネットワーク副理事長。

注4　**演劇的手法**　「演劇」「お芝居」をワークショップ的におこない、創作体験を数人でおこなうことで、そこから「何か」を発見し、学ぶという手法。思考メソッド（ツール）のひとつであり、お芝居をするつまり架空世界を生きる経験をすることで、やってみるまでは思っていなかった着想や、発想を得る。「シアター」と呼ばれる実際の公演を伴うものとは違い、演劇的体験を主軸に据えた「ドラマ」の手法と説明することもできる。

注5　**大熊雅士**　小金井市教育委員会教育長。元東京学芸大学付属世田谷小学校教諭、元東京学芸大学特命教授、元カウンセリング研修センター学舎ブレイブ室長。

どのように学校に入るか

●集団のなかの個

ぼくの場合は、指導主事でも大学教授でもなく、単なる元教師であり、少しかっこいい名前のついたNPOの理事長であり、そこらへんの感じをうまく利用して学校のなかに入ってきました。指導主事や大学教授は学校のなかには入るだけなら入りやすい肩書きなのでしょうが、一方で上層部の伝書鳩だったり、自分の研究的な成果の達成確認のためのフィールドだったりするように、いろいろ縛りがあるわけです。

それに対してぼくの場合は、よくわからない肩書きなので警戒されるけれど、あくまでも教員が自分の授業や教室を見てアドバイスをもらうために入れたいんですけど…というようなアプローチだと管理職としても、まあゲストみたいなもんだろう、いいよ、となりやすいわけです。

呼び手以外の他の同僚の方にもそんなに怪しまれない（笑）し、わりと気さくに話もできたりします。この立場を上手に利用しながら、後は自分の人間力というかつながり力で、場を切り開いていくというようなことが、ぼくの働き方ということになります。

切り開くというのは、要するに、たとえ窓口がひとりの先生のメンター（仕事上の指導者、助言者）としての学校入りだったとしても、その先生の力が十分に校内で発揮されていくようにするためには、結局職員集団とのかかわり合いの問題を考えていくことは必須になると、ぼく自身が経験的に知っているからです。

青山新吾さん（注1）は特別支援教育を考える視点として、早くから「集団のなかの個」という言葉を使ってこられました。この「集団のなかの個」というのは、教員が置かれている場の問題を考える、そして教員の働きやすさを考える上でも、まさに言い得て妙のキラーワードだと思います。

ぼくに声を掛ける多くの先生は、概ね校内で困っています。で、その困り度合いというのは、平たくいえば、職場のなかで自分らしく働けないことと大概地続きなのです。だからぼくの支援は、呼び手である先生の支援といいながら結局は職場を支援することです。そう考えていくと、ぼく自身の一番やりやすい切り口は、「授業をさせてもらう」ということになります。

たとえば岸和田の朝陽《ちょうよう》小学校では、研究主任からの、研究をバックアップして欲しいという要請で学校に入ったのですが、当初からできるだけ授業をさせて欲しいとお願いしてきました。たとえばある日の日課は次のようなものです（少し実際のものを修正しています）。

【内容】
1限目　3年1組　授業参観　音楽授業
2限目　特別支援学級　絵本の読み聞かせ
3限目　5年1組　道徳モデル授業
　　　「知らない間の出来事」（日本文教出版）
4限目　4年2組　国語モデル授業
　　　「木竜《もくりゅう》うるし」（東京書籍）
12：20～13：35　給食・昼休み・掃除
5限目　4年1組　国語科　研究授業　N先生
　　　「報告します、みんなの生活」（東京書籍）
　　　より【話す・聞く】
中学年部会
～伝え合う喜びと笑顔あふれる授業をめざして～
「振り返ろう　みんなの生活」

放課後
14：55～17：00　研究全体会　討議会
　　　（ファシリテーター石川晋先生）

こういう形で、とにかく最初は呼び手である先生を突破口にして、授業をさせてもらえる可能性のある教室に次々と入っていきます。朝陽小学校でいえば、2年間の間にすべての教室の子どもたちと授業をしており、当然先生方との関係もどんどん自然な感じのかかわりになっていきます。

ぼくは率直な性格が自分の強みだと思っています。授業は実際にうまくいくときも残念なときもあるのですが、それでいいのです。うまくいかないときは、担任の先生と授業終了後から対話がはじまります。

石川「いやあ、ごめんなさい、あんまりうまくいきませんでした、担任の先生は大変だね」

担任「いやあ、でも、普段、ゆっくり子どもたちの授業中の発言や様子に注目できる時間ってなくて、すごくいろんな気づきがありました」

石川「たとえば、どんな？」

担任「真ん中くらいに座ってたAちゃんわかりますか？」

石川「うん、わかるわかる」

担任「Aちゃんって、いつもは○○な感じで、理由がよくわからなかったんですけど…」

というようなやり取りを繰り返していきます。

ここで生まれていく信頼関係を基盤にして、学校づくりにぼくなりのポジション（立ち位置）でかかわっていきたいなあというのが、ぼくのやり方の基本形ということになります。

岸和田の朝陽小学校でいえば、さらに研究全体会は、次のような流れ（次頁参照）で進んでいきます。

別の章にも書きましたが、いまや学校研究は、教科の専門性検討（授業レッスン）の前に、まずは先生方の関係づくりをベースにした職場づくりがポイントです。とはいえ、授業レッスンベースの校内研修はほぼお約束になっており、教育局・教育委員会につながっていく強固な構造のなかでおこなわれていますから、簡単に壊せるものではありません。授業レッスンをベースにした体で、職場づくりをしていく。プログラムでいえば、肝は「3の意見交流・討議会」そして「4の鼎談型授業振り返り」です。

学校に長く入っている指導主事の方は、それまでの研究の変遷や、学校の課題、個々の先生の強みをよくご存知です。そうした方と協同で研究会をファシリテーションしていくことで、最終的には、ぼくがいなくても豊かに学び合える職場づくりを目指すのです。

ちなみに、この日は木村彰宏さん（注2）も同行してくれました。学校との関係ができてきたら、

【内容】

1、討議会の開催について　ごあいさつ（14：55～15：00）

・本日の流れや討議会について（研究主任）

・岸和田市教育委員会学校教育課指導主事　　K先生

・NPO授業づくりネットワーク理事長　　石川　晋先生

なおグラフィック・レコーディングはG先生が担当します

2、中学年部会による　再現授業　4年　N先生（15：00～15：20）

中学年部会　～伝え合う喜びと笑顔あふれる授業をめざして～

「報告します、みんなの生活」（東京書籍）より「振り返ろう、みんなの生活」

グループ学習…アンケートの集計結果をもとに、「わかったことや、予想と比べて気づいたことを話し合おう」

3、再現授業をうけて　意見交流・討議会（ワールドカフェ形式で）

（15：20～16：10）

・学習者の立場から授業を考えよう

グループ分け（敬称略）

グループ

Aグループ　　○○、△△、□□、☆☆

Bグループ　　…

・

・

・

Hグループ

4、授業者・石川先生、K指導主事による鼎談型授業振り返り　（16：00～16：30）

5、K指導主事より（質疑応答・振り返りも含め）（16：30～16：55）

6、校長より（16：55～17：00）

ぼくの学校支援に興味のある方に現場を公開するという形で、同行者を募ります。そうすると、さまざまな人たちが一緒に入り、多角的で多様な視点でのフィードバックを学校に残していってくれるようになります。学校はもう内部リソースだけで展開していくのは極めて困難なのです。しかし学校にはお金がありません。ぼくを呼び入れてくれることで、ぼくの民間教育運動で培ってきたさまざまな人脈に、金銭的負担なくアクセスできる、そういうメリットを学校側に持っていただきます。それと同時に、ぼく自身も多様な視点を手に入れて、ぼく自身の授業を、子どもを、学校を見る視点を豊かにしていける。そういう好循環ができていくことになります。

注1　青山新吾　岡山県下の公立小学校で主にことばの教室の担当教員として働き、その後指導主事を経て、現在はノートルダム清心女子大学で後進の育成に当たっている。授業づくりネットワーク運動の最初期からのメンバーであり、現在、インクルーシブ教育、特別支援教育に関する有力な発信者のひとりとして広く知られている。

注2　木村彰宏　Teach For Japan のフェローとして奈良の小学校に入り、子ども主体の学級づくりで注目を集める。現在は（株）LITALICO のスタッフとして、インクルーシブな学びの場づくりに取り組む傍ら、全国の学びの現場の伴走、若手教育関係者の学びの場づくりに取り組んでいる。

アクティブ・ラーニングについて考える

●授業づくりの研究

さて「アクティブ・ラーニング」（主体的・対話的で深い学び）についてこの数年さまざまな言説が飛び交いたくさんの本も出ました。的を射ているものも的外れなものもあります。ぼく自身は、「主体的・対話的で深い学び」を生むような活動型の授業について、教職をスタートした30年ほど前から精力的に思考と実践を繰り返してきたひとりと自負しています。これまでのぼくの雑誌論文や書籍でのさまざまな実践を読んでいただくと、そのこともおわかりいただけるものと思います。この問題について少し考えてみたいと思います。

●味噌汁ご飯授業

いまからもう10年ほど前になります。

「味噌汁ご飯授業」（注1）の提案者として広く知られている野中信行さん（注2）の教室を横浜に訪ねました。終日授業・教室を拝見するためです。小学校6年生のクラスでした。6年生のクラスは2クラスあり、そのうちの1クラスが野中学級。野中さんの60歳、つまり退職の年の最後の学級でした。

野中さんの隣のクラスは20代の若手が担任していました。卒業を控えた2月です。髪を金色に染めた女子児童もおり、苦労のなかでこの時期を迎えているという様子がひしひしと感じられました。

では、野中さんのクラスはどうかといえば、決してぴかぴかなわけではありません。45分の授業を集中して取り組むことが難しい児童は何人もいます。学級としての形はもちろんできていますが、当時野中さんご自身もお話しされていたことですが、日本中どこにでもあるふつうの教室でした。

その野中さんの教室でなかでも衝撃的だったことがあります。それは、国語の授業でした。木のつく漢字集めゲームをしたのです。このゲームは現東北福祉大学の上條晴夫さんが当時先行実践を元にして開発したミニワークショップ実践（学習ゲーム）のひとつでした。最新の、しかもいまでいうアクティブ・ラーニングにつながる実践です。60歳近くまで講義型・一斉型の授業を丁寧に実践されてきたはずの野中さんが、子どもたちの変容を前にして授業を変えようとしている。それは当時まだ30代の後半であったぼくには衝撃的でした。

30代の後半に、退職間際まで最新の実践動向にアンテナを高くし、学び続ける姿にふれることができたのは、とてもありがたいことでした。50歳を過ぎたぼくがいまなお最新の動向に目を向け、自分の授業を子どもたちの変容に重ねながら変えようとしてこれたのは、その体験も大きかったと言えます。

しかしそう考えてくると、アクティブ・ラーニングは、主体的・対話的で深い学びのための方策を持たずに歩んできてしまった教師には、あまりにも高いハードルとも感じます。学び続け、自分の知識も経験も更新し続ける先生でいるにはどうしたらいいか。これだけ教職現場が厳しくなっているなか、自分の目の前のことで精一杯の教師が大半な実情なわけですから。教師は元来真面目で勉強熱心です。その彼らから学びの貪欲《どんよく》さを奪ういまの状況は、二重三重に深刻な状況だと言えます。

●大人トーク

ぼくが2017年度末まで暮らした町で起きた「イノベーション」の話をしましょう。

ぼくが暮らした北海道の上士幌町という町は、ふるさと納税で全国的な注目を集めている町です。2014年度のふるさと納税額は9億円超、これは全国3位。人口4900人しかいない小さな町であることを考えれば、実質日本一でしょう。さらに2015年度は15億を超えています。ちなみに町民からの純税収は4億円弱しかないそうです。ふるさと納税というのは、そのネーミングからもわかるように、そもそもは、ふるさとを離れた人たちが、故郷の町に税金の一部を納税することで、税制上の優遇が受けられるという制度です。しかし、15億円ものお金は、当然出身者だけが納めているわけではなく、上士幌町と直接のつながりを持たないたくさんの人たちもいます。納税額の何割かを地元の名産品などでお返しすることで納税者を確保しようという作戦が大きな成果を挙げた、そのひとつが上士幌町ということになります。

ぼくの暮らしていた町では、その仕組みをいち早く立ち上げて、全国のモデルケースのひとつとして機能させることに尽力したすぐれた人材が役場のなかにも、町のなかにも何人もいます。こうした施策は、ひとりで進められるわけではありません。

ぼくは、こうして町に蓄積されているお金を原資にして、担任学級に年間20人に及ぶお客様に来ていただいていました。町の役場職員から、商店街の方、プロの写真家や小説家、会社の社長さん、保育士などさまざまです。「大人トーク」と呼んでいるこの時間は、そうした方々にお得意のことを1時間していただき、次の1時間の半分はぼくとの対談、半分は子どもたちからの質問という形で構成される2時間続きを基本としています。コンセプトは、「大人はよくわからない難しいこともおもしろいこともいっぱい考えながら楽しく一所懸命生きているっていうことを子どもたちに感じてもらう」ということです。講師の話が全員にヒットすることなどあり得ません。むしろ数名しか現時点では興味が持てないということさえ普通です。それでOKです。その代わりいろんな方を呼ぶことで誰かの話はヒットするはずだ。そんな風に考えていました。

たとえば、この大人トークの講師として町内のぬかびら源泉郷にある温泉宿「山湖荘《さんこそう》」の御主人蟹谷《かにや》吉弘さんに来ていただいた授業があります。旅行雑誌から道内で一番残念な温泉街に選出されるという最悪の時期を乗り越えて、山湖荘は、有名旅行雑誌のおいしい夕食ランキングの上位の常連になるまでになっています。そうした苦労話を子どもたちにしていただくわけです。失いかけた情熱を取り戻して温泉街再生に取り組む話は感動的です。町のなかのたくさんの人たちの協力があってこその再起なのです。

蟹谷さんを支えた仲間たちは、実は20数年前、町の小学校や中学校、高等学校でともに机を並べて学んだり、さまざまな行事や部活動でともに過ごした先輩後輩であったりします。当時の学校はいまとは違って、たくさんの生徒がいて、そのなかで彼らは複雑でしかし濃密な手応えのある日々を過ごしていたことがうかがえます。そこで培われた関係が、困難を乗り越え対話を積み重ねていける関係の基盤になっていることがうかがえます。蟹谷さん自身も、ふるさと納税の返礼品として、町のためにさまざまな温泉関連商品やプランを提供しています。牛肉や農産物を提供したりしている事業者の多くは、同じ学び舎《や》で学んだ仲間だと、蟹谷さんは授業のなかで子どもたちに語りかけます。たとえば納税をクレジットカードなどで済ませ、商品を選べるような仕組みをつくるとして、なかには競合する商品を提供する人同士の相互理解を進めないといけないかもしれない。それを支える人的つながりの中核に、学生時代の人間関係がある…。

では、このイノベーションはなぜ起こったのかというと、ぼくは偶然だと思っています。偶然、豊かな遊び集団が街づくりの回路につながってイノベーションを起こすことに成功した…そう思います。

●教師自身の「自己検閲」を乗り越えたい

しかし、ではいまの学校の子どもたちは、未来のどこかでこの偶然のイノベーションを起こす可能性があるか。ぼくはその偶然を起こす可能性も限りなく小さいと考えます。かつては子ども集団が大きかった。1学年5学級といった集団があり、それが連綿とつながる時間軸のなかで、起こってきた偶然です。かつてよりも人口が減少し、学年・学級の規模もぐぐっと小さくなった学校サイズのなかでは、何かしかけを考えなければ一層起こりにくい。子どもたちと主体的・対話的で深い学びを積み上げて、将来町や地域にイノベーションを起こせるような人材を育てていくためには、やはり当時よりもより精緻《せいち》なしかけが必要となるといえるでしょう。

先に、「大人トーク」の原資は町のお金だとお話しました。実は何年か前に、教育委員会を経由して、町の小中学校のすべての教員に、「ぜひやってみたいと思うプロジェクトがあれば、金銭的なバックアップをするのでプランをあげてほしい」という依頼があったのです。期間は2週間くらいしかなかったのですが、ぼくは町内で開催したいと考えていた子どもの本に関する大きな研修会のための費用を30万円、そして「大人トーク」のための費用を50万円、2件合わせて80万円を申請しました。議会を通すために教育委員会の方々が尽力してプランを策定してくださり、満額が出ました。

ぼくはこのうちの50万円を学校に総合的な学習の時間に紐づける形で置いてきました。最後の1年間は、先生方に実際に自分たちの教室にゲストを呼んだり、ゲストと対談をしたりする経験も積んでもらいました。しかし、翌年の秋、事務官からメールが届きます。冬を前にして50万円がほとんど手つかずで残っているというのです。最終的には、先生方の働きかけでほぼ全額を執行することになったのですが、これは再びぼくに深い内省を引き起こす出来事になりました。教職員をめぐる深刻な労働環境。長い年月をかけてイエスマンを育て、自ら考える力を奪われている当事者としての教職員…事態は広く深く刻み込まれた厳しいものだと感じます。

アクティブ・ラーニングにつながる授業改革は、社会的要請、なかでも経済団体などからの要請を背景としています。それはこの国を未来にわたってけん引していく優秀なリーダーを育てたいという問題意識を背景としてもいます。ですから、エリート教育ではないかという批判があります。しかし、ぼくはひとつの大きなチャンスなのだと捉え直してもいます。ここに紹介してきたように、それは国を動かす人材育成にだけ資するものではありません。むしろ疲弊する地方でこそ必要となるさまざまな視点を内包した提案であると考えています。子どもが主体的・対話的にさまざまな事象を総合的に判断しながら生きていく力は、人口減少と産業衰退に悩む地方の子どもたちにこそ必要ですから。

●教師自身がアクティブラーナーに

ところで、主体的・対話的で深い学びを生み出す学習は、従来からの講義型による知識教養を一挙に身につけさせる学習に比べて効率が悪いのです。1回の学習で何かがすぐに身についたりしません。何度もトライアルアンドエラーを繰り返すことが必要です。そのかわり自分が経験的に体得していくことで腑《ふ》に落ちる、自信に裏づけられた強い学びになります。

両者のタイプの授業をバランスよくという議論も見聞きします。しかしよく早合点されるのですが、バランスがよいとは半分ずつおこなうことを意味しません。片方は効率を追求し、片方はトライアルアンドエラーを前提としているのですから、その時間的なバランスは1対9や2対8でもおかしくないでしょう。それがバランスのよい状態であるはずなのです。

教師としての自分の育ちを振り返ってみれば、そのことはより明確になるはずです。単純な知識や教養の習得だけで乗り切れるほど教職の世界は甘くありません。その知識や教養も常に最新の情報に更新することを迫られてきたはずです。ですから、教師自身が自分自身を常に最新の状況に更新し、自らトライアルアンドエラーを前提として学び続け、対話をベースとしたリフレクションの場に自分を置き続けることが重要です。

これは実はいまや社会の多くの職域において当たり前のことでもあります。子どもたちは将来の自分を思い描きながら学校を生きる存在です。ですから、アクティブラーナー（能動的な学習者）として自らが学び続ける姿を、子どもたちに見せていくことは、この時代を生きる教師の必須の要件です。先生が考える文化を取り戻す。いまの教育の流れは、反面教師の部分も含めて、本当にギリギリの局面での、チャンスだと思いたいのです。

注1　味噌汁ご飯授業　野中信行さんの命名。子どもたちの日常を支え、基本的な学習の力を育てる日々の授業の総称。

注2　野中信行　横浜の元公立学校教諭。退職する直前の2000年代初頭から旺盛な執筆を開始し、全国で荒れる学級への対応を考える講演活動をおこなってきた。著書多数。
http://nonobu.way-nifty.com/

トボトボと歩く日々、三題

●甲斐利恵子先生の国語教室へ行く

2019年1月、一昨年の12月以来久しぶりに、東京都内の公立中学校の甲斐利恵子先生（注1）の教室をやっと訪問することができました。この日も心が動きっぱなしでした。終了後1時間リフレクションにおつき合いいただけたことも嬉しかったです。

ぼくが甲斐先生の教室を訪問するのはこれが3回目でした。今回は筑波大学附属駒場中・高等学校の国語教師である澤田英輔《えいすけ》さん（現軽井沢風越学園設立準備財団）にお誘いを受けての訪問でした。女子聖学院中学校高等学校の筑田《ちくだ》周一さんも同行。それに、この教室を定点観測している筑波大学院生の米田真琴さん（現江別市立江別第一中学校）も一緒でした。

この日は2時間目と6時間目を見学する予定でしたが、2年生がインフルエンザによる学級閉鎖…。2時間目の中学校3年生クラスのみを拝見しました。

今回の授業は「おくのほそ道　リレー朗読発表会」です。

10組のペアが、あらかじめ渡された15のおくのほそ道の章段から選んだ章段を、原文朗読と訳文朗読をそれぞれが担当して交互に朗読していきます。その後、それぞれがその章段へのコメントを発表します。フロアの数名から朗読＋コメントへのコメントをもらいます。その後、甲斐先生が少し解説を入れます。とてもシンプルな授業の流れでした。ペアはくじ引き。子どもたちが選んだ章段を「持ち寄る」ことで、おくのほそ道の世界が開かれていく。昨年度（2017年12月）に見せていただいたときは、「フクシマ」をテーマにした書籍のブックトークを持ち寄る「フクシマを持ち寄ろう」でしたが、今回の単元も、構造的にはよく似ています。

授業を見はじめると、もうぐるぐると自分のなかで内省が起こりはじめます。我が身を、我が授業を、ペアの子どもたちの発表に、彼らへコメントするフロアの子どもたちの姿に、そして、発表の場の力を信じる甲斐先生の姿に、立ちつくしてしまいます。

たとえば、原文と訳文の交互読みは、ぼくはかつて教室でしていました。教師と子ども、子ども同士という形。さらにぼくが原文や訳文をランダムに行き来して読み、子どもがそれに対応するそれぞれを読んでいくというようなこともしていました。でも、これは美味しくない古文にふりかけをまぶして食べさせているような活動だったんだな、と胸を突かれます。甲斐さんの教室の子どもたちは、ペアで読み楽しみ、読み味わっている、全然レベルが違い過ぎます。見ているもの、見えている先まで違うんだと思えます。

日本中のどこのクラスもそうであるように、ルーツの違う子もいるし、発達の凹凸の大きい子どももいます。だが、学習記録をメインの媒体として進められていく一人ひとりへの深い理解は圧巻ですし、それを基盤に進められていく国語教室は、本当に豊かです。中3のこの時期に、直接受験とは無縁にも見えるこうした単元活動を、子どもたちの納得のなかで実現していくことの意味も価値も、ぼくはわかっているつもりです。

ああ、そうでした、過去2回も、ぼくは甲斐先生の教室で、自分にはもっともっとできることがあったのでは（あるのでは）という深く重い問いに向き合ったのでした。見る視点が多様で見る力が高い3人の方と見るのはとても刺激的です。

平素の甲斐先生の国語教室の様子を時折解説してくれる院生の米田さん、甲斐先生のさらっと話してしまうポイントをこだわって問い直す澤田さんと筑田さん。またそれぞれのこだわりのポイントが違うからおもしろい。澤田さんが自分のカンファランスとの違いをクリアに言語化するのもすごいなあと思いました。

甲斐先生の言葉には一つひとつしびれました。いくつか書き残しておきます、自分のために。もちろん文責も、ぼくです。

・インタビュー三昧。その子の前で書きながら。話題提供してから聞く。
・鋭いことを言うことが素晴らしいことだと思い込んでいる。鋭いことは、人の心に届かないのよね。

・言いたいことが山のようにあって、それを切り捨てられない子だった。
・受験勉強も気になるけれど、教室で勉強するということは、そういうことではないと思うんです。
・言い換える力。
・手を挙げるという壁。
・批評の言葉をためる。
・名前を呼ぶことで、コメントしたかいがあった。
・他者がいることで、どれほど自分を伸ばすのかに気づいている。
・朗読とコメントを聞いた後、Aさんがコメントを発表しているときの表情を見て、ああ自信をなくしたなと感じたので…。

ボイスレコーダーで直前のコメント発表の子の音声を全体の場で聴かせる場面がありました。その理由を聞いたときには、感動と、彼我のあまりのレベルの差とが、ごちゃ混ぜになって一瞬、泣きそうになりました。まだぼくには公教育の現場でやれることがたくさんありそうだ、と思いました。

●水戸で本川良さんとひたすら話す

水戸。「茨城セカンドリーグ」（注2）のみなさんのお声がけで、石巻《いしのまき》市立雄勝《おがつ》小・中学校の本川良さん（注3）と公開で対話をする機会をいただきました（2019年1月13日）。

本川さんにはファシリテーションの心得があります。ぼくにも教室で使ったり、たくさんの研修会で培ったりしてきた技はあります。でも今日はとにかく、2人でひたすら話すことを選択した3時間でした。出入りも含めて30名近い参加者の皆さん、ありがとうございました。

本川さんはいままさに、現場のど真ん中で、試行錯誤しながら結果を出していく人。とても刺激的です。今日はぼくの「いまここ」の話は、ちょっと横に置いて、本川さんベースで話をしてもいいなあという気持ちになりました。本川さんと向き合って3時間お話を聞き、ぼくは相当疲れたようでした。電車に乗ってはじめて気がつきました。

雄勝町は、震災で甚大な被害を受けたところです。コミュニティ自体も深刻な打撃を受けました。震災による被害は無論建物のみに留まらず、そこに暮らしてきた多くの人たちの心にも大きな傷を残しています。しかし、そこから立ち上がろうとする方が懸命にさまざまな努力を続けている…そういう場所でもあります。そこに暮らす人々の思いと知恵が持ち寄られて、新しい小・中学校が建設され、スタートしていきます。その様子は、ちょうど明治初期からの何十年かに、日本中で学校ができていった過程のようだなと感じました。北海道であれば、入植者によって学校の設立趣意書が作成され、学校がコミュニティの真ん中にできていったわけですが、そういういわば「地域立」ともいうべき経過を辿《たど》って、自分たちの学びの場がつくられていく。感動的であるだけでなく、学びの場というのが本来どのように成立していくものであるか、その原点を「見せ開かれている」ような気がしました。

本川さんは、その学校の教務主任。学校の内と外の壁を取り払い、たくさんの人たちが出入りしながら、子どもたちと学び合っていくさまは圧巻です。ここでもまた、甲斐先生の教室で感じたような感覚…ぼくにもまだ公立の学校の真ん中でできることがたくさんあるのではないか、という感覚が立ち上がってきます。

本川さんの学校では、すべての教室ですべての先生と子どもたちがちょんせいこさんのホワイトボードミーティングに取り組んでいます。一人ひとりがファシリテーターとして、そしてそのサイドワーカーとして、役割を交代し合いながら、「社会」を形成していく場としての学校が成立しつつある過程は、眩しい。

●ちょんせいこさんと本をつくる

ファシリテーターのちょんせいこさんと本をつくっています。国語の本。ぼくとのつき合いが長かったり深かったりする人は、ぼくがもう何年も前からハウツー・ノウハウの情報発信に興味を失っていることも、自己啓発的な成長論や教師像啓蒙にも興味がないことも知っていると思います。ぼくのことを、逆説的とか、予想もしないことを語るとか評する人もいますが、ぼくはそれを狙っているわけでもなくて、要するに、答えのないことを一緒に考えたいと思っているというのが一番、答えに近いのです。

せいこさんはファシリテーターであり、スキルを積み重ねていくことで、日常を世界を、少しずつ前に進めていけると信じている人でもあります。一方のぼくはファシリテーターなどではなく、実践者です。ですからぼく自身がおこがましくファシリテーションの本を書いたりすることもできません。アクティブ・ラーニングに至る流れのはるか以前から、公立中学校の現場で活動中心型の授業をおこなってきた先駆的な実践者のひとりという自負はありますが（おそらくそうした本を書いているほとんどの方よりもぼくは早くから取り組んできたし、考えてきたと思います）、だからといってアクティブ・ラーニングの本を書こうなどとも全然思わずにきました。

意固地なのです。苦笑。

しかし、この2年、全国の学校現場を回りながら、ぼくが教室で先生方と伴走しながら形にしてきた授業のことは、このタイミングでなら形にして残してもいいかもと思いました。意味があるかも、と。そうすると、何年も一緒にセミナーを続けてきて、せいこさんのファシリテーションを深く信頼し尊敬もしているので、ただ一度だけ、国語のノウハウの本を書くのなら、そこを信頼して、せいこさんとならやってみようと思える、せいこさんなら、ぼくのうまく書けないことを言語化していただける…そういうことでしょうか。

2人の考えは重なるところも、近寄りもしないところもあるわけですが、少しずつ方向が見えてきました。この本とのほぼ同時期刊行を目指したけれど、せいこさんとの本はもう少し2人の対話が必要であるようです。

こちらの本が刊行になった、きっと半年くらい後の時期に、国語実践者と本物のファシリテーターとががっぷり四つで組んだ、国語教育におけるはじめての本物のファシリテーションベースの本をみなさんに届けられるものと思います。

注1　**甲斐利恵子**　東京都の公立中学校教員。教科書会社の編集委員として、教科書の具体的な授業実践を全国配布の広報誌に連載している。日本の国語教育の第一人者であった大村はま実践を、教室に取り入れようと模索し続ける実践家である。『子どもの情景』（谷川俊太郎さん他との対談集、光村教育図書、１９９７）、『中学校　国語授業づくりの基礎・基本　学びに向かう力を育む環境づくり（シリーズ国語授業づくり）』（安《やす》居《い》總《ふさ》子《こ》さんとの共編著、日本国語教育学会監修、東洋館出版社、２０１８）などの著書もある。

注2　**茨城セカンドリーグ**　茨城県の水戸市に本拠を起き「誰もが安心して暮らせる地域づくり」のために、地域の資源をつなげ「協働型社会」を実現することを目的に活動を続けるＮＰＯ法人。

注3　**本川良**　東日本大震災後、２０１７年に小中併設校として開校した石巻市立雄勝小学校・雄勝中学校教諭。教務主任。地域連携担当を務めさまざまな外部団体と連携・協働で実施する総合学習の取りまとめなどもおこなっている。

校内研修と教師教育

「教師教育」をどう考えていくか

●教職を志す学生からの質問に答える

日本教育新聞社の求めで、不定期に、教職を志す学生からの質問に答えるコーナーを担当しています。いただくたびに、立ち往生してしまう問いばかりです。もちろんその問いの趣旨に応じて、ぼく自身の教師経験を披瀝《ひれき》する形で、つまり昔取った杵柄《きねづか》的な話を書けば、原稿はちょちょいと書けてしまうでしょう。せいぜい原稿用紙2枚程度の回答です。しかし、それでは、問いへの一応の答えとして紙面的には問題なく成立するけれど、質問当事者の気づきを促すことにはならないのではないだろうか、と思うのです。

たとえば、こんな質問がきます。ボランティアで小学校に入り、子どもたちの読書活動にかかわっているという大学生からの質問です。

本を読む子と読まない子が大きく分かれています。読書タイムでも、次々と本を変えてしまい、じっくり本を読まない子にどう接したらよいのか迷います。「これを読んでみたら」と本をすすめてみても「いいや」と断られてしまうことが多いです。よい接し方を教えてください。

たとえばこの問いに、これまでの経験から子どもが食いついてきた本を紹介してもいいでしょう。また、読書記録を取ることを勧めたり、読書記録をシールで教室に貼ってゆるやかな競争をさせるクラスの例を紹介したりしても（ぼくは決してやらない方法ですが）、「答え」になるかもしれません。経験談的に子どもとのやりとりの仕方を教えるというアプローチもあるでしょうか？

しかし、この問いに、ぼく自身の成功事例経験談を語る形で答えても、どうもしっくりきません。その方法はきっとうまくいかないだろうなと思います。なぜなら、質問者とぼくとではパーソナリティが違いますものね。何よりも子どもが違いますし、学校の状況も違います。仮にうまくいっても、その経験がこれからに生きていきそうな気がしません。自分自身での試行錯誤がないですから、方法の消費になってしまいかねません。成功したにせよ失敗したにせよ、質問者にリフレクションは起こりにくいでしょう。

ぼくは迷った末、次のような答えを送りました。さて、どんなものでしょうか。

早速ですが、あなたは読書が好きなのですよね。さまざまな読書体験があり、読書の意義も体感している。子どもにもそれを経験してほしいと願っているのですよね。そうした経験を持つ人にとって、本を読まない子、読み続けられない子への「指導」は難しい。自分にその子と同様の経験・記憶が乏しいから、ですね。

実は学校の先生の多くは、それなりに勉強ができ、学校で「よいですよ」と言われていた方法や考え方を素直に受け入れて取り組んできた人が多いようです。たとえば読書なんてその典型ですね。でも学校って、そうではない子の方がずうっと多い場所なんじゃないかな。だから、いまあなたが直面している問題は、読書指導に限らず、これからもさまざまな場面で直面することの入口だと、「楽しく」覚悟を決めてくださいね。

「楽しく」と書きました。教員の仕事の楽しさは、自分の願い通りの子どもを教えることではありません。自分が想定も予想もできない子どものありように届く支援や指導方法を、自分で考えることです。試行錯誤を生涯楽しむ、それが教員の仕事の楽しさですね。

さて、中学生のぼくは、図書室から毎回数冊の本を借りていました。少し読んでおもしろくない本は返却していました。あるとき図書担当の先生に「ちゃんと全部読んで返却しているのか。借りたものは最後まで読みなさい」と叱られました。びっくりしました、そして少なからず傷つきました。だって、ぼくにとっては、自分に合わない本を途中でやめるのは当たり前のことだったからです。幸いぼくには自分が読みたい本を自分で選ぶ力が、そうした営みの繰り返しのなかで身につきました。ぼくはあのとき、あの先生には、「自分に合った本を探してるんだね、大丈夫、きっと見つかるよ」と言ってほしかったなあ。さて、あなたの目の前の子どもたちに、あなたはどんな言葉をかけてあげたらいいのでしょうね。

一応の回答はこんな感じなのですが、やはりとても迷います。この回答を読む学生の継続的な学びを支えていく答えになっているだろうか…と。

いま、学校現場では、さまざまな状況の変化によって、若手・ベテランを問わず、教師としての力量形成の道筋・方法が見定め難い状況になっています。専門家としての「教師」を育てる教育、つまり教師教育をどうすればいいのか、教員養成の学部、大学院、採用、現職教育、現職のキャリアステップ、すべての段階で、まさに暗中模索の状況になっています。

●教師教育を考える会メールマガジン

２０１７年度と２０１８年度の2年間、ぼくはさまざまな現場支援を試みてきました。しかし、ぼく自身にとっての最大の仕事は、２０１７年度のほぼ1年間を費やした「教師教育を考える会メールマガジン」の発行だったと考えています。このメールマガジンは、諸事情で発行を停止していたメールマガジンについて、前任の上條晴夫さんからぼくが引き継ぐ形で発行していくことになったものです。毎週2号。ときには3号を発行するハイペースでした。先に示したように、教師教育の問題は待ったなしで、悠長にしていられない問題だと感じていたからでした。
２０１７年６月16日に配信した1号は、次のようなものでした。

●メールマガジン「教師教育を考える会」創刊1号（２０１７年６月16日発行）

1．発行のご案内

数年前に、月2号ほどのペースで発行されていた「教師教育ネットワーク」メールマガジンでしたが、イベントの告知等の記事以外はほぼ発行のない状態で2年以上の時間が経過してしまいました。メールマガジンは休眠状態ですが、引き続き１８００名超の読者が購読の手続きをしてくださっています。

そこで、この１８００名の読者に向けて、再度メールマガジンを発行することにいたしました。

発行にあたっては、「教師教育ネットワーク」メールマガジンの編集代表だった上條晴夫氏から媒体を受け継ぎ、組織としては、一度リセットして別組織とし、編集・発行の責任者も私（石川晋、ＮＰＯ授業づくりネットワーク理事長）が進める形で、再スタートすることにします。なお、私自身はＮＰＯ法人授業づくりネットワーク理事長という立場はありますが、このメールマガジンに関しては、そのＮＰＯとも、また、学事出版から季刊で発行されている同名ムックとも無関係です。あくまでも事実上石川の個人主宰の形を取ります。来年（2018年）3月までの約1年間集中的に発行することで、活動としての一区切りとしたいと考えています。1年間のなかで、小さくとも新しい動きや考えにつながるメッセージになるように編集していきます。

新たに発行するメールマガジンは「教師教育を考える会」メールマガジンという名称にしました。まず、教師教育に関心の高い方々に個別に原稿の依頼をしました。幸い50名弱のみなさんにお忙しいなかご快諾いただくことができました。その方々の原稿をいただいて、編集発行することになります。

さて、「教師教育」については、近年ようやく教育現場においてもその用語も必要性も知られるようになってきました。

オランダの教師教育者コルトハーヘン氏の著作の翻訳刊行（『教師教育学　理論と実践をつなぐリアリスティック・アプローチ』武田信子監訳、今泉友里、鈴木悠太、山辺恵理子訳　学文社、2010）や、コルトハーヘン氏の日本への招聘などが、大きな役割を果たしました。また、このメールマガジンの事実上の前身でもあった「教師教育ネットワーク」（上條晴夫編集代表）の継続的な発行は、特に学校現場の教員への「教師教育（学）」について一定程度の周知のために貢献しました。ほかにもさまざまな方々のご努力によって、教師教育が学問として（つまり学び取られなければならない学問として）学校教育現場の教員に徐々に認識されつつあります。

しかし、保育や学校の現場においては、教職員の職務が子どもたちを育てることであるということもあり、たとえば新人教育の現状においても、本来専門家を育てる営みであるにもかかわらず、子どもたちを教育することの延長のように混同され、理解されている状況もまだまだあるように思います。

また、教員養成、教員採用、現場での養成、教師のライフコース上に合わせた学びのあり方や方法や機会の保障、教師教育にかかわるさまざまな段階において、多様な問題が指摘されている状況でもあります。やや使い古された表現を用いれば、研究の現場と実践の現場との交流が十分とは言えず、双方に蓄積するさまざまな知見が還流されていない状況と言えるでしょうか。

今回、期間限定で、40数名に及ぶみなさんに執筆を依頼し（もとより、無料のメールマガジンですので、ボランティアでの執筆です）ご快諾をいただきました。執筆陣の現場は多様であり、立場もさまざまです。教師教育にかかわるトピックを掘り下げて検討することよりも、多様な問題点（無論改善に向けたさまざまな動きも）を広く交流することをねらいとしています。

なお、これまでの研究成果を大切にし、出典などもできる限り明示し、引用のルール等も配慮しながら編集したいと考えます。しかし、なにぶん研究的なスタンスでのご執筆をお願いしているわけではない方も多数いらっしゃいますので、「エッセー」的な文章など硬軟織り交ぜたものになりますことをご了解ください。分量・書式に関しても、定型を用意しません。

(http://www.mag2.com/m/0001158144.html)

こうした経過のなかで、発行していったメールマガジンのライターの人選は、すべてぼく自身がおこなっていきました。依頼をし、入稿を待ち、しんどい日々でした。

依頼に際して考えていたことは、できる限り若い方に書いていただこう。教育にかかわる多様な立場の方に書いていただこう。そして、ぼくの旧来のコミュニティの方々ではない、つまりこれまでの伝統的な教師教育のあり方に固執しがちな、あるいは既得者的なポジションにいる方々ではない方に書いていただこうということでした。無論、これはぼく自身の自己否定にもつながりかねない苦い問いからのスタートでもありました。

最終的に書いていただいたのは次の方々でした(162～163頁/注1)。

注1　すべての原稿のアーカイブスは、フェイスブック利用の方はグループ「教師教育を考える会メールマガジン」(https://www.facebook.com/groups/1514472288646221/)に置いてあるので読むことができます。フェイスブックを利用していらっしゃらない方は、私のwebサイト(すぽんじのこころ)にすべて収録してありますので、そちら(http://suponjinokokoro.blog112.fc2.com/)で読むことができます。

41号：11月10日(金)　岩田将英さん（柏市教育委員会学校教育部指導課指導主事）
42号：11月14日(火)　糸井登さん（立命館小学校教諭／明日の教室代表）
43号：11月17日(金)　後藤健夫さん（教育ジャーナリスト）
44号：11月21日(火)　寺西隆行さん（ICT CONNECT 21 事務局次長）
45号：11月24日(金)　伊藤敏雄さん
（All About 学習・受験ガイド、「明日の教室」名古屋分校事務局長）
46号：11月28日(火)　北見俊則さん
（一般社団法人志教育プロジェクト専務理事／前・横浜市立上永谷中学校校長）
47号：12月 5日(火)　斎藤早苗さん（元・愛知県小牧市立小牧中学校 PTA 会長）
48号：12月 8日(金)　宇都宮美和子さん
（帯広市立稲田小学校栄養教諭／十勝清水食育ネットワーク事務局長）
49号：12月12日(火)　前田康裕さん（熊本大学教職大学院准教授）
50号：12月15日(金)　岩渕和信さん（神奈川県山北町立山北中学校教頭）
51号：12月19日(火)　妹尾昌俊さん
（学校マネジメントコンサルタント／学校業務改善アドバイザー（文科省委嘱））
52号：12月22日(金)　松下音次郎さん（森のようちえん　ぴっぱら）
53号：12月26日(火)　青山新吾さん（ノートルダム清心女子大学人間生活学部児童学科准教授）
54号：12月29日(金)　石川晋（NPO 法人授業づくりネットワーク理事長／元・北海道公立中学校）
55号：1月 9日(火)　大野睦仁さん（札幌市公立小学校教員／教師力 BRUSH-UP セミナー代表）
56号：1月12日(金)　柴崎卓巳子さん（福岡県田川郡添田町立真木小学校養護教諭）
57号：1月16日(火)　多賀一郎さん（追手門学院小学校／教師塾・親塾主催）
58号：1月19日(金)　菊池真人さん（南アフリカ共和国ヨハネスブルグ日本人学校　教諭）
59号：1月23日(火)　梶川高彦さん
（愛知県東浦町立生路小学校教諭／教師の学びサークルほっとタイム代表主宰）
60号：1月26日(金)　青木芳恵さん（ラーンネット・グローバルスクール ナビゲータ）
61号：1月30日(火)　江口彰さん（NPO 法人　いきたす代表理事）
62号：2月 2日(金)　中島範隆さん（山梨県甲斐市立双葉中学校教諭）
63号：2月 6日(火)　関田聖和さん（神戸市立松尾小学校教頭）
64号：2月 9日(金)　桐田敬介さん（上智大学共同研究員、edu:re 共同代表）
65号：2月13日(火)　松田剛史さん
（北海道大学大学院／ソーシャルベンチャーあんじょう家本舗代表）
66号：2月16日(金)　渡辺貴裕さん（東京学芸大学教職大学院准教授）
67号：2月20日(火)　池田修さん（京都橘大学発達教育学部児童教育学科教授／明日の教室代表）
68号：2月23日(金)　金大竜さん（大阪市立新高小学校教諭）
69号：2月27日(火)　鈴木美枝子さん（いわき短期大学幼児教育科教授）
70号：3月 2日(金)　平井良信さん（有限会社カヤ プレイフルプロデューサー）
71号：3月 4日(日)　中川翔太さん（東京学芸大学教職大学院院生）
72号：3月 6日(火)　俣野秀典さん（高知大学地域協働学部／大学教育創造センター講師）
73号：3月 9日(金)　藤倉稔さん（北海道猿払村立拓心中学校教諭）
74号：3月11日(日)　佐々木潤さん
（宮城県公立小学校教諭／東北青年塾スタッフ／あすの社会科を考える会主宰）
75号：3月13日(火)　山本純人さん（埼玉県公立中学校教諭／俳句結社「梓」同人）
76号：3月16日(金)　江口凡太郎さん（北海道網走養護学校教諭）
77号：3月20日(火)　岩瀬直樹さん（東京学芸大学教職大学院准教授）
78号：3月23日(金)　佐藤年明さん（三重大学教育学部教授・教職大学院兼担）
79号：3月27日(火)　藤原由香里さん
（京都府八幡市立美濃山小学校教諭、NPO 授業づくりネットワーク副理事長）
80号：3月30日(金)　塩崎義明さん（浦安市立高洲小学校教諭）
81号：3月31日(土)　石川晋（NPO 法人授業づくりネットワーク理事長／元・北海道公立中学校）

◆メールマガジン「教師教育を考える会」◆

1号：6月16日(金)　石川晋（NPO 法人授業づくりネットワーク理事長／元・北海道公立中学校）
2号：6月20日(火)　石川晋（NPO 法人授業づくりネットワーク理事長／元・北海道公立中学校）
3号：6月27日(火)　杉本直樹さん（大阪市立上町中学校教諭）
4号：7月 4日(火)　町支大祐さん（東京大学マナビラボ　特任研究員）
5号：7月11日(火)　宮田純也さん（「未来の先生展」実行委員長）
6号：7月18日(火)　梶原末廣さん
（インターネット編集長／「中・高教師用ニュースマガジン」編集・発行人）
7号：7月21日(金)　梶浦真さん（教育報道出版社 代表）
8号：7月25日(火)　木下通子さん（埼玉県立春日部女子高校司書／ビブリオバトル普及委員）
9号：7月28日(金)　藤原友和さん（函館市立万年橋小学校教諭）
10号：8月 1日(火)　阿部隆幸さん
（上越教育大学教職大学院准教授／NPO 法人授業づくりネットワーク副理事長）
11号：8月 4日(金)　鍋田修身さん（島根県立隠岐島前高等学校常勤講師）
12号：8月 6日(日)　岡崎勝さん（名古屋市立小学校非常勤講師／学校マガジン『おそい・はやい・ひくい・たかい』（ジャパンマシニスト）編集人）
13号：8月 8日(火)　今井清光さん（東京都立科学技術高等学校・教諭）
14号：8月11日(金)　武田信子さん（武蔵大学人文学部教授）
15号：8月15日(火)　杉山史哲さん（ミテモ株式会社／学校働き方研究所）
16号：8月18日(金)　ちょんせいこさん（株式会社ひとまち代表）
17号：8月22日(火)　上條晴夫さん（東北福祉大学教授）
18号：8月25日(金)　赤木和重さん（神戸大学大学院）
19号：8月29日(火)　大和信治さん（EDUPEDIA 編集部／ NPO 法人 Teach For Japan 外部講師）
20号：9月 1日(金)　荒木寿友さん（立命館大学教職大学院）
21号：9月 5日(火)　館野峻さん（品川区立義務教育学校教諭／ Teacher’s Lab. 理事）
22号：9月 8日(金)　住田昌治さん
（横浜市立永田台小学校校長／ユネスコアジア文化センター事業推進委員）
23号：9月12日(火)　田中雅子さん（東京都立中野特別支援学校主任教諭／特別支援教育コーディネーター／認定ワークショップデザイナー）
24号：9月15日(金)　木村彰宏さん（株式会社 LITALICO ジュニア事業部ヒューマンリソースグループ／ NPO 法人 Teach For Japan 採用・研修担当）
25号：9月17日(日)　吉川岳彦さん
（シュトゥットガルト自由大学　修士課程クラス担任及び専科教員コース学生）
26号：9月19日(火)　渡辺光輝さん（お茶の水女子大学附属中学校教諭）
27号：9月22日(金)　矢野博之さん（大妻女子大学教授／ REFLECT 理事）
28号：9月26日(火)　横山験也さん（株式会社さくら社代表取締役社長）
29号：9月29日(金)　髙田保則さん（北海道公立小学校通級指導教室教諭／オホーツクＡＤＨＤ＆ＬＤ懇話会副代表／オホーツク子どもの発達サポート教育研究会副会長）
30号：10月 3日(火)　加茂勇さん（教科研「発達障害と教育」部会世話人／新潟県公立小学校教諭）
31号：10月 6日(金)　千葉孝司さん（音更町立音更中学校教諭／ピンクシャツデーとかち発起人代表）
32号：10月10日(火)　長尾彰さん（NPO 法人 EFC 代表理事）
33号：10月13日(金)　柴崎明さん（横浜市内私立中高一貫校教諭／教員と教員志望のためのサークルＴサークル代表）
34号：10月17日(火)　武田緑さん（一般社団法人コアプラス代表理事）
35号：10月20日(金)　石川晋（NPO 法人授業づくりネットワーク理事長／元・北海道公立中学校）
36号：10月24日(火)　蔵満逸司さん（琉球大学教職大学院・作家）
37号：10月27日(金)　小坂善朋さん（北海道安平町公私連携幼保連携型認定こども園副園長）
38号：10月31日(火)　田中光夫さん（フリーランスティーチャー）
39号：11月 3日(金)　一尾茂疋さん（一尾塾塾長、自主学校瀬戸ツクルスクール運営責任者）
40号：11月 7日(火)　豊福晋平さん（国際大学 グローバル・コミュニケーション・センター 准教授（Associate professor）・主幹研究員、IUJ Associate professor）

こうしたなかで、当然、ぼく自身もインデックスにあるように何度か書くことになりました。

●メールマガジン「教師教育を考える会」54号（2017年12月29日発行）

「教師教育」を一緒に考える　NPO授業づくりネットワーク理事長　石川　晋

(http://www.mag2.com/m/0000158144.html)

1．民間教育セミナーを主催しながら考えていたこと

2017年の3月いっぱいで28年勤めた北海道の公立中学校教諭の職を離れて、東京にやってきました。NPO授業づくりネットワーク理事長という一応の肩書はありますが、基本的には「無職」です。4月から都内を起点に日本各地を歩き回り、主には若い先生方との交流を大切にしてきました。

私は元々、北海道を拠点に民間教育研修グループを核とする研修会（セミナー）を開催してきました。学生時代にそうした活動にかかわるようになったので、もう30年になります。特に、2000年前後からは、それまでの研修会（主には古参の研修団体は合宿形式で、レポート検討をメインに研修会をおこなっていました）のスタイルの変革の必要性を感じて、私なりのチャレンジを続けてきました。変革の必要性を感じたのは、それぞれの研修団体のメンバーが固定的で、

思想的にも同質性が高い場合が多く、結果的にやや「閉じている」実態があると感じていたからでした。そこで、ワークショップメインの研修会や、対話・対談をベースとした講座、宿泊や懇親会を伴わない日帰りで参加できる研修スタイル、複数の考え方の違う講師に組んでいただいて実施する提案授業などを、民間教育セミナーを舞台に展開していきました。講師の顔写真入りのチラシを作成して、道内のすべての学校にＤＭ発送をしたり、ネットでの申し込みを主軸にしたり、宣伝や申し込みの形態の工夫にも力を入れました。現在全国でおこなわれている民間教育研修会（セミナー）のプログラム構成や宣伝・申し込みの形態などの原型の一端は、私と私の仲間たちがつくってきたものという自負もあります。

しかし、こうした活動に長くかかわるなかで、集まってくる先生方の日常があまり変わっていないのではないかという思いが、一貫してぬぐえませんでした。その思いは年を追うにしたがって強まる一方でした。そもそも民間教育研修グループの「教師支援」の形は、参加していただいた方を、ほぼ一度きりの（連続講座の形などを取った場合でも数度の）かかわりのなかで支援するという形式にしか、概ねなりません。インターネットが発達して、さまざまなコミュニケーションツールが発達したなかで、多少状況は変わっているけれど、それでも、そうした状況に大きな変化はない、と考えています。そうしたいわば点での支援を本質とする民間教育研修会で、参加者の日常を支えていく学びを生むためには、何か別な工夫が必要だと感じていました。

また、研修団体の壁を超えることを目的に概ね新しい研修会のスタイルをつくってきたにもかかわらず、いつの間にか、民間教育研修セミナーに集まる参加者の顔ぶれが固定しがちになってしまいました。見知った顔ぶれで集まって、自己満足の高揚感とカタルシスを再生しているだけではないか。結果、民間研修セミナーの外にいる人たちとの間で新しい分断状況を生んでしまって、広範な分け隔てない学びの場づくりを実現できていないのではないか。そういう深い反省が私のなかに生まれました。

この問題は、いまもずうっと考えている問題で、たとえばいま私が代表を務めるNPOの主催研修会は、こうした問題意識を背景に、苦しみつつ楽しみつつ、新しい研修会の形を模索しています。

2. 校内研修を推進しながら考えていたこと

校内での研修は、民間教育セミナーと違って、現場教員を継続支援できる強みを持った場です。私もそこに強い関心を持ち、早くから校内研修に注力しました。従来型の「仮説検証」スタイルの校内研修を、いわば「仮説連鎖・生成」型の校内研修にすることで、プロセスを職場で共有していきながら、職場全体が学び続ける場になるように機能させたい。研究授業ベースの研修スタイルから、より職場の教員の実態に沿うような具体的なテーマと向き合える校内研修にしたい。こうした校内研修に腐心し、『笑顔と対話があふれる校内研修』（大野睦仁《むつひと》さんとの共著、学事出版、2013）や『THE校内研修（「THE教師力」シリーズ）』（明治図書、

2014）にその一端は紹介できました。

しかし、学校現場は今年（2017年）大きくクローズアップされ、本メールマガジンでも何人かの方がそこに焦点をあててご執筆されていたように、勤務状況のさまざまな要因による悪化が進んでいます。降るようにやってくる案件に忙殺され、校内研修の時間の確保も年々厳しさを増しています。学校がゆっくりと腰を据えて学ぶ場として機能しにくくなっています。またそれ自体は可能性を秘めていることでもあるのですが、職場の構成員の年代に断絶が起こり、世代間の理解が図りにくい。さまざまな経歴を持った教員の増加、非正規職員の増加などにより、一様な教育活動の推進を基本とする古典的な考え方と、現場の実態との大きなずれも生まれています。

事実、私も、大量に流入してくる新卒教師の着実な技量形成に寄与しきれず、教員をやめてしまう者、体調を崩してしまう者、担任を途中で降りなければならない状況になる者などが出てきて、心を痛めました。

各都道府県の教職員志望者数の激減も深刻で、これまで経験してこなかった教職員の質の維持・向上に伴う課題も浮上しています。校内研修もまた、教職員を支援していくためには、さらにもう一段の工夫が必要だと強く感じました。

冒頭にも書きましたが、今年は4月から日本各地の学校に、入っています。いろんなかかわり方があるのですが、そのうちのひとつが、校内研修のファシリテーションです。授業者の強みに焦点が当たること、参加者が学習者としての体験・視点をベースに授業を考えていけること、継続的に職員たち自身が互いの強みを生かしながら研修を進めていくマインド・手立てを共有すること…そうしたことを考えながら、それぞれの学校に入らせていただいています。手応えは感じているけれど、試行錯誤の真ん中にいるという感じでしょうか。

3.「専門職」としての教師教育者を育てるために

ここまで書いたのは、私が、中心的にかかわってきた教師教育の2つの現場での経験から考えてきたことです。教師の育ちにかかわる主要な場面としては、学部、採用、現場、教職大学院、初任者研修、10年研修、主任・教頭・校長登用などなど、ほかにもさまざまあるわけです。しかし、どうでしょう。私が例として示した2つの現場だけでなく、こうした教師養成や教師の学びにかかわる現場は、なかなか困難な状況に直面していると、これまでのさまざまな方の論考を読み深めていくと見えてくると言えるのではないでしょうか。

どうも教師の多くは私も含めて、子どもを教え育てることが日常であるがゆえに、教師を育てることもその延長線で、その手法で、そのかかわりで、できると誤解してきたようです。でも、もとより子どもたちに基礎的基本的な学力を育て、社会で生きていく基盤を育てていくための教育の営みと、専門家としての教職員を育てていく営みとが同じであるわけがありません。私も長い時間を経て、その当たり前だが気づきにくい、それゆえ深刻な構造に気がつきはじめたわけです。

2017年6月から「教師教育を考える会」メールマガジンをスタートしました。本当なら、専門教育としての「教師教育学」をメインに考えながら、このメールマガジンを編んでいくのがいいだろうと思いました。そこで、前身のメールマガジン編集者の上條晴夫さんや、武田信子さん（武蔵大学）にも相談をしながら、メールマガジンの方向についてを検討しました。また、執筆者の方々ともやりとりを積み重ねながら、メールマガジンの方向づけを考えました。

しかし、私の現状を正直にお話しすると、私自身が「教師教育学」初学者であり、たとえばみなさんに寄せていただく論考について、十分に検討を加えたりする技量を持っていません。そこで、子どもの育ちにかかわる人々の学びについてを、とにかく多様なライターに執筆していただくことで、少し大げさにいえば、いまこの国の「教師教育」がどの辺りを歩いているのか、どんな複合的な問題が横たわっているのか、そうしたことをとにかく明らかにしてみようというのが、私の発刊にあたっての「構え」となりました。

幸い、私には長くかかわってきた教職員としての経験と、民間教育セミナーを通じて広がった大きな人的なつながりがありました。そこで、それに寄りかかる形で展開したいと考えたわけです。しかも、都内に来て、はっきりと、教員になる若手、学校教育に関心を寄せる若手のライフモデルが、終身雇用を基本としてきた私たち世代と違うことを実感してきました。できれば、私にとっても安定的な昔ながらのコミュニティの方々ではなく、若い新しい視点を持った人たちに積極的に書いていただこうということを考えました。

何人かのベテラン教員にも執筆を依頼していますが、これまでの伝統的な教師教育の手法の定型に収まらない動きの見える方々と考えて、ご執筆を依頼しています。

本メールマガジンは、答えが書かれている情報媒体ではありません。いわば、多様な登山ルートを示すガイドブックです。登る山の魅力も怖さも、ルートの多様性も、登り方のバリエーションや手がかりも、不備ながら示すことができればいいなあと考えています。そして、このガイドブックを見ながら、専門職としての「教師教育者」を育てていくことを巡るさまざまな課題について、みんなで考えていけるといいなあと思っています。

準備期間を含めて1年間の発信が終わり、当初は1900名ほどの登録者だったのが、最終号では、発行数が2655。約800名読者が増えました。

これまでもさまざまなメールマガジンの発行に携わってきました。しかし今回は、さまざまな研究会などで出会った方々にも、感想や励ましの言葉を、思いのほかたくさんいただく機会があり、反応の大きさに驚きました。

教師教育の問題をどう考えていくか、このメールマガジンが蒔いた種は、無事にあちこちに小さな芽を出しはじめているのでしょうか。引き続き、もう少し地方を丁寧に回りながら、いろんな方とお話を続けてみたいと思っているのです。

4章

対×談

武田緑・石川晋

4章

対×談

武田緑
石川晋

『学校でしなやかに生きるということ』のその先へ

武田緑さんとは（普段は、晋さん、緑ちゃんと呼ぶ間柄でもあるので、以降は「緑ちゃん」で）いつからのつながりだろうか。共通の友人である八幡市立美濃山小学校の藤原由香里さんを通じて知り合ったのが最初だろうか。

緑ちゃんは、大阪の東淀川に「co-arc《コアーク》」というコミュニティルームをつくり、そこを拠点にして、教育に視座を置きながら活動をしてきた「教育運動家」である。学校教育をすぐ外側から支援する若手のイノベーターのなかでも特別に知られた存在であり、その行動力によって切り開かれた人脈も圧倒的である。

彼女は「コアプラス」という団体の代表として長く活動してきた。そのなかで、コアなメンバーの関心領域が徐々に違ってきていることを受けて、丁寧な話し合いがおこなわれ、団体を事実上閉じて、緑ちゃん自体は新たに「Demo《デモ》」という団体を立ち上げて再出発をすることになった。そうしたタイミングでの対談である。また、対談でも触れるが、大阪市長の吉村洋文《ひろふみ》さん（2018年当時、現在は府知事）が学力向上の状況に応じて教職員の給与に差をつけるという案を発表し、それに反対する署名活動を中心的に立ち上げて、大きな話題になっているタイミングでもあった。

若きイノベーターにおじさんが斜めに絡《から》むような対談がおもしろいかなと思い、お願いをした。幸い快諾くださって実現した。前作『学校でしなやかに生きるということ』では、30年来の親友でもあって北海道ではじめて男性で家庭科の教師になった江口凡太郎さんにお願いして対談したわけだが、今回は、そういう意味ではまた、タイプも毛色も違う対談ということになる。例によって、特別な打ち合わせは何もせずに臨んだ。

武田緑さん（左）と石川晋（筆者）

（2018年9月14日、横浜市青葉区のコミュニティカフェ・スペースナナにて公開対談）

●横浜市立日枝《ひえ》小学校の研修会を訪ねて

石川　今日は住田昌治さんが校長を務める横浜市立日枝小学校に、ぼくらは行ってきたわけですよね。

緑　住田先生の前任校（横浜市立永田台小学校）に1度お邪魔していて、学校を変わられて1年目ということで、どんな感じかという興味で行ったんですね。やっぱり前任校とはいろいろと違うなと思いました。

石川　なるほど。

緑　永田台は、公立でこんな空気のところがあるんやと感激した学校で。なんというか、ゆるくて、ここなら私でも働けるかもしれない、みたいな。

石川　働けるかな（笑）。

緑　なんだろう、大抵の学校にある緊張感、プレッ

シャーが小さいというか、あんまりなくて。だらっとしていい、安らげる、リラックスできる、そんな感じ。オルタナティブスクールや海外の学校なんかでは、そういう空気のところは珍しくないんですけど、公立でこれははじめてだ、と。先生たちが他の先生の実践見て、くすくす笑ってる感じとか、すごくいいなぁと。もちろん嫌な感じではなくて、子どもの予想外の言動とか、予定通り行かなくて担任の先生が「うーん、どうしようかな（苦笑）」…ってなってるのを見て、笑ってて。

石川　わかります。以前にぼくが見にいったときは、外国にルーツがあると思われる子で、母語も日本語じゃないと思うんだけど、机の上に寝そべっている。寝そべっているけど、先生方が、「どうする？ 起こす？ 起こさない？ ま、いいか、ぐっすり寝てるし。そのままにしておくか」という感じでしたね。

緑　そうそう、その感じ。授業中も先生が黒板に貼ったものをぜーんぶ取っている子がいる。先生は授業を進めながらそれを横目で見ていて、気持ちはそちらにも向けてるんですね。その間も授業はそれなりに進んでいる。こっちに戻りなさいという感じでもなく、ひと通り取り終わった頃に、その子がまとめて持っているのを「ありがとう」と受け取るみたいな。そしてその子はクラスの輪に戻る。で、また出て行くんですけど（笑）。ああ、この学校好きやなと。

石川　そういう感じでいうと、今日の日枝小学校は、緑ちゃんにはどう感じられたの？

緑　空気はそこまでゆるくなかったなと思ったのがひとつ。総合的な学習の時間がメインの公開研修で、その事後研修会（以下、事後研）。これまでも英語や数学の事後研に入ったことがあるんですけど、率直に言うと、それよりはちょっとおもしろかった。教師の腕前・技の話ももちろん出るけれど、題材とかテーマについて話をする時間があって、私には興味深かったですね。私が入ったクラスは4年生と5年生でした。

石川　「大岡川で泳ぎたい大作戦」？

緑　事後研に入ったのは、5年生の「ストップザ食品ロス」。

石川　「日枝小もったいない大作戦〜ストップザ食品ロス」。おもしろそうですね。ぼくは6年生の地域のお祭りのところを見ていたのよ。それもおもしろかったです。検討会のなかで、司会の方が「子どもの小さな手の動きや所作に注目するような場にしたいですね」とおっしゃっていて、とてもよかったです。

武田緑（たけだ・みどり）
Demo代表／教育コーディネーター／人権教育・シティズンシップ教育ファシリテーター。
1985年大阪生まれ。2004年（大学1年時）に国際NGOピースボート「地球一周の船旅」に参加して、世界や社会の問題に触れ、教育の重要性を実感。2007年、教育の多様性体感プロジェクト「CORE+」立ち上げ、国内の多様な教育のカタチを学ぶ。2009年「エデュコレ〜多様な教育の博覧会〜」をはじめて開催。2011年海外視察ツアー（EDUTRIP〜海外の教育を学ぶ旅）を開始。2013年、CORE+を法人化した一般社団法人コアプラスを設立し、代表理事。2018年フリーランスに転身。現在は、関西を中心に全国の教員や教育関係者のネットワークづくりや、活動のサポートに取り組みつつ、NPO法人授業づくりネットワーク・理事、一般社団法人はらいふ・理事、WEBマガジンここここ・編集長、NPO法人関西こども文化協会・東淀川区こどもの居場所づくりアドバイザーなどを兼任。
ホームページ：http://dem0.work/

緑　どう教えたかとか、どんな声かけをしたかというような話もするんですけど、「食品ロスがテーマなら、こういうことも扱えるんじゃないか」という話も出て。たとえば、学校給食の話もできるし、町に行って、お店で、食べ残しをどうしていますか？という活動もできるし、いろんな風に広げられる。そういう、題材の話をする時間が結構あったんですね。私の事後研のイメージって、あのときの発問がどうだったとか、授業の場面を切り取ってしゃべる時間が長くて、しんどいイメージがあったので、今日はおもしろかったです。

石川　まあ一般的には、事後研ってだんだん空中戦になって、授業者もあまりうれしくない…。

緑　ただ、ずいぶん計画的に進めるんだな、総合も、ということも思いました。

石川　計画を綿密に立てすぎると、窮屈でつらいよね。ぼくが教員だったらつらい。

緑　細やかにどう声をかけるか、どう展開するのかという辺りまで、事前に考えているんだなということを、モヤモヤしながら見ていました。

石川　そこ、もう少し詳しく話せる？

緑　思ったのは、こういうことに気づいてほしいということが、あらかじめ用意されているんだなということかな。たとえばフードロスの授業でいうと、食品食べ残しを減らすために何ができるだろうという話のなかで、町の人にPRするとか、ポスターを貼るとか、CMをつくって流そうとか、そういうゴールイメージが決まっている。自分は食べ残しをしていないんだろうか、みたいなことを振り返らせたりする。自分の家族、身近な所の行動を振り返るみたいなことを多分してほしいんだろうなという、意図が透けて見える投げかけがいろいろあって。それに影響を受ける形で、子どもたちから「お店でPRとか、人のことばっかり言ってるけど、給食はどうなんだろう」みたいなことが出て。確かに大事な視点なんですけど…。

石川　持っていきたい方向が最初からある。

緑　気づいてほしい価値、視点があらかじめ設定されているんだなということに、モヤモヤしたりしました。道徳的な感じがしますよね。

●住田昌治先生の学校づくりを通して

石川　住田先生の学校づくりにも興味があって今日見に行っているわけですね。出来上がった段階の永田台小学校と、ゼロベースからスタートする日枝小学校の住田さんの1年目と、どんなことを考えましたか?

緑　ESD（持続可能な開発のための教育）ってすごいおもしろいなって改めて思いました。総合にも、一般教科よりはゆるいかもしれないけれど、枠組みがある。少なくとも今日の総合はそうだった。でも、ESDってもっと土台というか、OS(コンピュータのオペレーションシステム）みたいなイメージで。

石川　ESDは哲学なんだよね、きっとね。

緑　そうなのかな。主体的・対話的で深い学びとか人権教育とか、学校が当たり前としている枠組みから外れると矯正《きょうせい》されるみたいな、悪い意味での学校文化みたいなものは厳然と維持されたまま、その上に主体的・対話的で深い学びとか人権教育とか総合学習とか乗っけてる感じがするんですよね。なんだかちぐはぐだなぁ、と。ESDって価値観とか哲学とか、土台をどうするかということを含んでいるから、私にとってはおもしろいんだなぁと今日思いました。

石川　今日の日枝小学校は、長い歴史のある総合的な学習の時間の実践校でしょ。総合がなかなか大切にされない状況のなかで、本当にすごいことなのよ。で、ぼくの目には、圧倒的でちょっと息苦しく映る指導案も、先生方は、とにかくきっちりつくっている。一方で住田さんが前任校でやっていらしたことは、象徴的には、その指導案みたいなものをどうやって薄くしていくか、というものだったと思うんですね。そこにエネルギー使うんだったら、別なところに使うべきでしょ、という話だったと思う。

●一点突破でスタート

緑　すごいシンプルでしたよね、永田台の授業計画って。

石川　そうですよね。今日でいうと、その違いは受付に積んである学習指導案の厚さにあらわれていて、衝撃を受けたよね。住田さんに後でお聞きしたら、校長通信の下書きを見せてくださって、なんと、指導案を本時（授業の時間）の活動案重視で書きましょうよ（つまりこの厚みを手放しましょうよ）という内容だった…。再任用で来られたわけで、（8年在籍した）前任校のスピード感とは違うんだな、と思いました。もっとも、優先順位ははっきりあるんだよね。一点突破でスタート、全部に手をつけるのではなくて、肝を押さえていくみたいな印象でした。緑ちゃんだと一気にやってしまいたくなるでしょ（笑）。

緑　うん、気になったことを全部変えたくなってしまう気が（笑）。それで言うと、優先順位というか、いろいろ気になることや、ここはちょっと変えたほうがいいなと思うことがあるときに、どういう順番で何から手をつけたらいいか、その判断基準を自分は持てていないなと思います。

石川　サーバントリーダー（支援型リーダー）としての住田さんが何を見ていらして、どこから手をつけていこうとされているのか、というようなところは、緑ちゃんにはすごく参考になりそうだよね。住田さんご自身が少年団でバスケットの田臥勇太《たぶせゆうた》選手を育ててきた凄腕のスポーツ指導者でもあったわけで、そこから永田台小学校のサーバントリーダーとしての立ち方に至るまでには、長い試行錯誤があったと考えるのは自然だと思うんですよね。そういう意味で、緑ちゃんがいま優先順位をどうやってつけたらいいかわからないというのは、まあ、もうちょっといろいろやってみないとしょうがないってことかな、と。

緑　私はずっと学校現場にいるわけでもない。ちょっとお邪魔したり呼んでもらったりして行く立場なので、よりそこの感じは育ちにくいところがあるような気がします。

石川　何からやるかだよね。もともとのコアプラスから、いまDemoというゆるやかな組織みたいなものになって…。

緑　ひとり団体みたいなものです。支えてくれるメンバーはいますが。

石川　T.M.Revolution（西川貴教《たかのり》のソロプロジェクト）みたいなものね（笑）。

緑　そうなのか？（失笑）

石川　ぼくはやっぱり一点突破なんじゃないかなと思うんですよね。学校・教員支援をしたいってことなんですよね？　だとすると、学校に入るということだけは徹底してやる、みたいなことは必要だと思うんです。この2年間、ぼくは小学校に入って授業することが多くなって、正直、中学校で教員をやっていた頃はまったくわからなかったことが、たくさんわかりました。もちろんそれには28年の中学校の教員としての経験もバックボーンになっているのは事実です。ただまあ、小学校現場に入り続けることで「しか」見えないことはあったなあと思います。自分のできることとできないことも見えるし、興味があることとないことも見えるし。それから小学校の先生に、ぼくより見えていることと見えていないこともわかる。それは現場に入り続けているので、見えてきていることなんだと思う。

緑　私、授業の技とかって全然わからないんですね。それを以前、晋さんに悩み相談的に言ったら「興味ないもんね」と言われて。確かに！って（笑）。でも学校に入るチャンスって、技に関することが多いから、どうやって入ったらいいんだろうと悩みはあります。

石川　実は、技について話をする体で全然違う話をして帰ってくるとか（笑）。「先生の幸せ研究所」の澤田真由美さんが、ぼくの現場を見にきたことがあるのね。どうするんだろうなと思っていたら、ずーっと静かに聞いていて、最後に「子どもがこれやりたいと思って、それに飛びついてやれるまでの時間というのは、だいたい4秒か5秒くらいで、それ以上その素材にたどり着くのに時間がかかると、使わないんですよね」みたいなことをぽろっと言う。先生方が、ウワーッとなる。ある教室の授業場面で、子どもがいろんなことにチャレンジしたくてうずうずしてるんだけど、座学で授業が進んでいくことへの違和感を参観者が話した後でした。澤田さんは学び手の学ぶ意欲を中心に据えた授業構造や展開をそろそろ考えましょうよ、ということをシンプルに、最後にズバッと言って帰る。かっこいい！そういうこと、緑ちゃんにもできるじゃないですか。

緑　かっこいいですね、できるかな。ちょっと躊躇《ちゅうちょ》してますね。学校って外部の人間が入っていくのに、本当にハードルが高い。永田台小学校はそういう意味でも入りやすい学校でしたね。

石川　まずは積極的に「見に」行ったらいいんじゃないかな。ジャッジメントしに行くのではなく。

●大阪の学力向上問題について

石川　緑ちゃんの最近の動きとしては、やっぱり大阪の吉村市長（当時）の学力向上施策案についての反対署名活動だよね。

緑　市長が全国学力テスト（全国学力・学習状況調査、以下、学テ）結果を、先生のボーナスと学校予算に反映させるという方針を2018年8月頭に出したんです。それが進んでいくのはまずい！と思って。

石川　主にSNSを使って、その方針は見直すべきじゃないですかという署名を回したのが緑ちゃんだよね。

緑　お陰様で1万6千筆ほど集まっています。本当は、署名ってあんまり好きじゃなかったんです。それで方針が変えられるという確信もないし、署名の数で方針を撤回しますという市長でもないですし。ただ、世の中に向けて「これではよくならない」ということを発信する必要はあると思ったのと、大阪の先生たちから、主にSNSを通じて悲鳴のようなものが聞こえてきて。こういうことが大阪ではこの10年ほど続いていて、先生たちの気持ちがいよいよ折れちゃうんじゃないかと。尊厳が傷つけられるっていうか。こんなに理解されないのかとか、首長から、世間から、自分たちは頑張っていないと思われてるのかっていう気持ちになるじゃないですか。

石川　大阪はしんどいですよね。

緑　すでにしんどい現状のなかで、ああいう方針が出ると、もういよいよ大阪市出ようかなみたいな声も結構あって。大阪で頑張っている教員の気持ちを支えたいということが、主たる動機だったんです。その目的は一定程度はたしたなと思っていて…ここからどうしようかなというのがいまです。

石川　署名の賛同者になりませんかという話が来て、ぼくは断ったわけです。それは緑ちゃんの考えている運動のあり方と、ぼくの考えている運動のあり方とに齟齬《そご》があった。鈴木大裕《だいゆう》さんとか赤木和重さんなどが、この施策はアメリカの公教育の崩壊を招いたといわれている方法と非常に酷似した方法だと指摘されていますよね。ですから大規模な実験をすでに経て、その方法がおそらくうまくいかないだろうということがわかっている人にとっては自明なことなんだと思うんです。

ただ、前回の本にも書いたんですが、ぼくの父は退職の年に大きな事件を起こして、退職金も出ないで収監された。家族的にいうと悲劇的な出来事だったわけです。そのときにどういうことが起きるかというと、嘆願署名というのがあるんですね。父は優秀な国語の教員だったので、教え子とかを中心に、ぜひ減刑してほしいという話が出る。ぼくはそのとき、母にやめなさいと言ったんですよ。でも母も気が動転していてそのまま進めてしまった。署名が広がって、2週間で5千筆集まりました。そのときにどういうことが起きるのか。父は文学者でもあるので、町の短歌の結社のマダムが母に電話をかけてきて、うちの結社で代表の許可も得て何十筆集めたので、代表の所にお礼の電話を1本入れてくれないか、と（苦笑）。署名って、書いた本人は死ぬまで忘れない。ぼくは多分死ぬまで、お前の親父のために嘆願の署名を書いた、と言われ続けるんだろうなと思った。

署名という方法は、考えが一致していて、本当に運動が一緒にやれるという人と組むような関係のなかで進めていかないとやばいな、とそのとき直感的に感じましたね。

　1万数千筆集まると、実際誰が書いたかわからない。だけど書いた本人は、武田緑のことを知っているし、書いた事実もずっと忘れない。同じ反対でも、反対の中身、立っているポジションは全然違ったりする。そういうことへの危惧《きぐ》みたいなものが、ぼくにはあったということなんですね。

対談は公開でおこなわれた（2018年9月14日）

緑　あの署名の呼びかけ文はめっちゃ急いで、翌日にSNSに公開したんですけど、急いだ割にはかなり慎重に書いていて…。

石川　はい、よく書けていましたよ。

緑　大阪は、政治状況で言うと、大阪維新がダントツに強い。そして、それに反対する運動も橋下市長の時代からずっとあるんですね。私自身は、反維新の運動には、慎重に一定の距離を置いてきたつもりなんです。橋下さんや維新のやることは全部反対！というスタンスを強固に取る人たちも私の周りには多いんですけど、私は時代に合わせて変えるべきことっていっぱいあると思うし、全部これまでのままでいいとも思わない。問題意識は共有できるな、と思うことも少なくない。でも、「解決策はそれじゃない！」ということが、特に教育改革については多いわけです。けれどとにかく全部反対！では、市民に理解されないというか、市民感覚から浮いているよねっていう状況があるし、ただの保守派、もっと言うと既得権益を守っている勢力に見えちゃうわけです。単純な、反維新だと見られたり、政治的に色がつきすぎるのは、私としては今後の仕事上も困るし、学校をよくしていこうよという活動も広がらないと思ったんです。そのバランスを取りながら、でもやっぱり、これはだめだというのを、今回は言わないと、と思いました。何というか、何なら維新の議員さんとも意見交換できる立場を維持しながら、反対と言える人でありたいと、私は思っています。

石川　そういうポジションとしては、緑ちゃんの立ち位置は絶妙だよね。

緑　たとえば、教職員組合がスピーディーに頑張って、署名を集めるアクションを起こしたとしますよね。でも多分、世間は「労働問題として反対してるんでしょ」と受け取める。残念なことだけど、おそらくいまの社会のなかでは、教育問題として訴えているのだとは、考えてもらいづらい。私は、労働問題ももちろん大事なんだけど、これは教育の内容や質にかかわる問題として、子どもにメリットがない、むしろ弊害が大きい、ということを主張すべきだと思いました。それを前に出して主張しないと市民も受け取めてくれないと。そして、それは私のような、外にいる人間こそがやるべきことだと思ったんですね。

「がんばる先生支援」という、個人やグループでの研究活動に補助が出るようなものはいいなと思うし、子どもの貧困対策もやろうとはしているわけです。そこはちゃんと、いいねって言った方がいいと思うんですよね。で、その上で、学テの結果がよくないから、というのが今回の方針だったんですけど、それについては明らかに間違ってると思ったし、マイナスが大きいだろうというので動いた。いろんなバランスを考えながらやっているんです（笑）。

石川　ぼく、責めてないですよ（笑）。

緑　いわゆる左派じゃない人に、ちゃんと理解してもらえる形を考えなきゃと思います。

石川　ぼくは学力は限定的に向上するだろうと思いますよ。でもそれよりも深刻な分断が起こるのも間違いないだろうなと思います。どういう社会をつくりたいかということだよね。ぼくは、場合によっては分断されてもしょうがないでしょう、と考える人が世の中にいることも知っている。そういう考え方も当然あると思っている。だからそういう考え方とも向き合って、話をしていかないといけないだろうと。

ぼくの友人でもある堀裕嗣《ひろつぐ》さんと、北海道時代にこんな話をしたことがある。北海道は早い段階でＳＡＢＣＤＥという教員のランクづけをして、Ｅの教員の給与を削ってＳやＡの給与に上乗せする。でもね、５パーセントや10パーセント上乗せされたって、すでに学校のなかで全然働かない先生の仕事を３割増しぐらいでやっている。そんな微々たるお金つけてもらうくらいだったら、１ヵ月好きな学校に行って研修してきていいです、とサバティカルみたいなものをもらった方がずっといいよなと…。基本的には、すでに能力差による分断は起こってきている。改めて制度化したところで効果そのものも限定的だろうと思う。そもそも、先生はそういうインセンティブで一所懸命働いたりしないよね。

緑　先生ってそういうタイプの人たちじゃないですよね。

石川　そもそも、そういうことで教員を選んできていない。もうちょっとボランティア的だよ。教員のそういうメンタリティをわかっていない人たちが、施策として進めても、大方の先生方は動かないと、実感として思う。そういうところの議論を市井《しせい》の人（教員も市井の人、のはずだけど）としたらいいのにと思う。
吉村さんの情報リリースは、学校に近いコミュニティの人たちに向けられたものではなくて、彼の支持基盤の層の人たちに向けてリリースされている。そこに、過剰に学校に近い人たちが、学校側で署名を集めたところで、大きな分断が生まれるだけでしょうと思っていました。企業だって、採用した子がうまく働いてくれないとか、知識もあるのに総合的に判断して動けないとか、学校でぼくたちが教室の子どもを見ながら日々感じているのとまったく同じことを別の場所で見ている。そうした現状を持ち寄って、「必要な学力ってなんですか」とみんなで丁寧にお話しするプロセスを、これから何らかの方法で組まなくちゃいけない。

緑　その通りですね。そういう意識で数年来活動してきてはいるのですが…そもそも分断されているので、対話の場をつくったからといって、市井の人が来るかというと、来ないですよね…。

石川　こちらから出かけていくしかない。別なタイトルで会を打って、なんとなくそういう話をはじめる。技の話をしているふりで、別の話をする。そういうのをどうやってつくっていくか考えないといけないのかな。

●砂漠に水を撒くような仕事であっても

緑　いま、地元の東淀川区で子どもの居場所づくりアドバイザーという区の委託の仕事をやっています。学習支援の場とか子ども食堂をつくりたい人を見つけて、サポートするからやりましょうって後押しして、小さなボランティアベースでできる居場所を増やすことでセーフティネットを広げていくという、これは吉村市長が子どもの貧困対策でつけたお金の一部なわけですが、それをやっているんですね。厳しいなと思うのは、地域の人たちとかかわると、学力観、進路観が…まあモヤモヤすることを結構、言われるわけです。地域の子どもたちのことで気になってることや心配なことはありますか？ とよく聞くんですね。居場所づくりのタネを探しているので。そしたら、たとえば、卒業式で中学生が自分の夢を話すんですけど、その内容について「昔はパイロットになりたいとか、サッカー選手になりたいとか、大きな夢をみんな語っていたのに、最近の子は優しい人になりたいとか、誰かのために役立つ仕事をしたいとか。もっと大きい夢やハングリー精神はないのか」みたいなことを言われる。あとは、「最近の親はなってない」という話に終始する人にもちらほら出会う。ああもう、何から伝えていくべきなのか…って。

石川　砂漠に水を撒くような仕事なんだよな。

緑　正直、それに日々限界を感じます。

石川　ぼくのなかにも状況を大きく変えたいという感情が起こってくる。大きな状況ごと変えてしまいたいみたいな。だけどやっぱり砂漠に水を撒くようなことを、丁寧にやっていくしかないんじゃないかな。いまのところのゴールとしてはそういう感じなのよ。先日、ＳＮＳでちょんせいこさんが、最近、大阪の松原市で子育て支援のお母さん方とかかわっているという写真と情報を流していました。たしか松原はちょんさんの出身地のはずです。そこにちょんさんが戻ってくる意味って、ぼくにもよくわかるなと思うんだよね。遠回りだし、大きな状況を変えるというようなことにつながりにくいかもしれないけれど、やっぱりぼくらは一人ひとりそういうことを丁寧にやっていかないといけないんじゃないかなと。大状況を変えたいということをいかに律して、目の前のことを丁寧にやっていくか。「子どもの小さな手の動きや所作に…」というようなことは、実はみんなこういうことと地続きで、ぼくはすごくいいと思うんだよね。まあ、緑ちゃんはもうちょっとじたばたしていいと思うけど。まだ若いからさ（笑）。

緑　学力が何かとか、公教育っていったい何か、という議論や共通認識が必要です。署名の文章を書くときにも、「この方法で学力が上がるっていうエビデンス（証拠）がないですよ」ということは書いた。それが一番、維新の人が耳を傾けてくれる言葉なんですよね。それでは学力上がりませんよ、と言う。狭い意味での学力を上げたいわけですから。だから、少しでもましな制度に着地させようという路線でいうと、エビデンスがないですよ、と言わなきゃいけない。でもその土俵に乗ってしまうことによって、むしろ、学力って何？ 学校って何するところ？ ということは問えなくなってしまう。狭義の学力が議論の前提になってしまうというか。これは鈴木大裕さんが指摘していることですよね。

石川　これだけワークショップとか出てきているのに、話し合いのスキルも大人の社会のなかに全然身についていないですよね。いろんな小学校中学校に入って、子どもたちが協同学習をやっていますっていう現場を見る。確かに協同的に学習するけど、実際には話し合いになっていないんです。ワークショップ風にはなるんです。和やかに話すことはできる。何しているかというと、何人かはひたすら模造紙を運んできたり、マジックを運んできたりしている。本人はすごく参加感もあって充実感もある。あるけれど、実際には9年間の義務を出て、すぐに望まない妊娠して子ども産みました、生活保護を取らなきゃなりませんという現実もあるのに、まさに役場に行って自分の状況を訴えて最低限の社会的インフラに結びつく力をつけてもらえないまま卒業してしまう。そのことはものすごく深刻だと思っているんです。そのために緑ちゃんのような人ができることはわんさかあると思う。

緑　大学で非常勤をしていたことがあって、偏差値でいうとそんなに低くない京都の大学だったんですけど、コミュニケーションカードやレポートを提出してもらうと、何が書いてあるのかわからないんです。論理が通っていない。

石川　大学生で、しかもある程度偏差値もあるんですね。

緑　そうです。「多文化理解と人権」という教職必修の授業でしたが、人権の話をする前に、論理練習のようなことを毎週、頭にしたほうがいいんじゃないかって思うような感じ。

石川　授業はちゃんと受けるの？

緑　大教室で100人くらいいたのでいろいろでした。まず最初はグループになれなかった。だから、150枚の紙に数字を振って「同じ番号の人を探して集まりましょう」というのをやったんですけど、それもできなくて。「1班の人、いますか～？」って同じグループの人を探せない。だからその次は「1班はこの辺に集まって」「2班はこの辺ね」と指定して、それでやっと動けるようになって。それでも迷子の人がいるから何班？と聞いて「あそこだよ」と案内する。グループづくりが成立しないことに衝撃を受けるところから非常勤の4年がはじまりました。基本的に参加型で進めるつもりだったんですけど、最初の1年は大失敗して、教員評価もずたずたで。2年目からは、私も学んだので、もっとスモールステップをつくるようにして、それでやれるようになったんですけど。

石川　その状況で大学まで上がってきている。そして場合によっては教員として学校の中に入ってくる。もちろん彼らには何の罪もないわけです…。

●教員の学びの場とリフレクション

石川　緑ちゃんは、教員の学びの場をつくっていくってことにも関心が高いわけだよね？

緑　そうです。

石川　今回の関東訪問は「エデュトリップ」だったんでしょ。どこを回ってきたんですか？

緑　関東のいろんな教育現場を回るというのを3日間やっていたんですけど。今回は新宿区にある「シューレ大学」という、フリースクールの大学バージョンみたいな、不登校経験や生きづらさを抱える若者たちが当事者研究をしながら自分からはじまる学びに取り組むというところと、最近マスコミでも話題になってる千代田区の麹町《こうじまち》中学校にも行きました。工藤勇一校長の学校です。2日目は神奈川の「湘南サドベリースクール」と、逗子《ずし》でやっている「海のようちえん」という地縁コミュニティで一緒に子育てをしているところを訪問して。3日目は埼玉の「自由の森学園」、「トーベ・ヤンソンあけぼの子どもの森公園」にも行きました。ボリューミーすぎてみんなくったくたでしたね。

石川　それだけたくさんあるとリフレクションが難しいよね。

緑　ちょっと入れ過ぎたなって反省してます。

石川　フリースクールって、ひとつずつ全然違いますもんね。

緑　フリースクールをめぐったという感じでもないんですけど。今回、国内のエデュトリップとしてははじめて、参加者に学校の先生がいて驚きました。平日実施なのに。

石川　学校休んで？

緑　はい。そんなことできるんやなあと思って。

石川　ぼくも2年前に1週間休んで、和歌山の「きのくに子どもの村学園」に行って。

緑　晋さんが休むのとは、またイメージが違うじゃないですか（笑）。

石川　子どもたちには「ごめんね、きのくに子どもの村に行ってくる。きっと君たちも一緒に行ったら、ここよりそっちの方がいいというような学校だと思うよ。じゃあね」（笑）とか言って。

緑　私の活動は、いろんな教育現場を先生や教員志望の人と見にいくところからはじまっているんですね。自分が受けてきた教育や授業、学校をベースに「これが普通」という固定観念がどうしてもあるわけですが、いろんなものを見ることで「こういうのもありなのか」とか、「同じ日本社

会のなかでこのスタイルで成り立っているのか」とか、広く知ったうえで、授業だったり子どもとのかかわりに生かしてもらえたらな、という。初期はそれでよかったんですけど、それだけだと、教育観が揺らいだまま、参加者が現場でしんどくなるというのがだんだんわかってきたんです。オルタナティブを知るのはよいのですが、現場の現実と擦り合わせて、教室のなかである程度形にして、周囲に受け入れてもらうって、すごく力量がいる。学生時代からつき合ってきた仲間のなかでも、初任で学級崩壊する人が少なくなかったんですけど、それは自由を扱う練習をしていない子どもたちに、自由をぽんと与えて崩壊するというのが多かったのかなといまは思います。そこから固定観念や「当たり前」を揺さぶるだけじゃなくて、現場を生きてる人の日常を支えるということを同時にやらないと、無責任だなと思うようになりました。

石川　やはり、一人ひとりのリフレクションの質が重要ってことだよね、体験がそのくらい大きいときに、体験に見合うくらいのリフレクションをどうやって保証するかというのも、多分ポイントになるんだよね。量の問題、ではないにしても…。ぼくもいまそこで悩んでいる。そこの技術が日本で蓄積されていないということもあるし、皆で考えていかないといけないと思う。たとえば、エデュトリップに行ったそのメンバーが、理想的にいえば3、4日くらいそこで丁寧にリフレクションする時間が持てればいいんじゃないかと思うけど。

緑　エデュトリップのリフレクションもそうですけど、それを持って現場に戻ったときに、現場で日々起こることをリフレクションするサポートがいるんじゃないかなあ…とか。

石川　そこはぼくはちょっと楽観的。3日くらいの時間をもっと丁寧に取ってリフレクションすると、自分の学校現場の実際との不整合ともきっちり向き合うことになるだろうと。そうすると「じゃあ、自分の学校のなかで哲学対話したいのだけど、どうしましょう」というような問題と結びつきながら、しなやかにやっていけるんじゃないかな。

緑　いまは、エデュトリップのリフレクションの時間は、取って最終日に3時間ですかね。2時間半ぐらいのこともある。3日、というのからすると全然短いですね。1日の終わりや、旅の最後のリフレクションをどれくらいしっかりできるかで、学びの質が左右されるのは確かですね。

石川　それでも3時間って、しっかり取ってるよなっていう印象ではあるよね。

●「伴走」という方法の可能性

石川　ぼくはオンラインで支援もしているわけです。2ヵ月で4回を契約条件に、4回まとめて

1万円。安いという人もいるけれど、ぼくには判断の材料もないし、たくさんもらう自信もないのね。それで進めていくと、本当に勉強になることが多いんだけど、一方で、クライアント（依頼人）から依存される感じとかにたじろいだりもするんですね。エデュトリップのような泊りを伴う支援のあり方って、同じような重さを伴ったりするんじゃないかと思うんだけど、どうなんでしょうか。ないのかな？　あるいはそういったところを乗り越えていく方法があるの？　エデュトリップならではの強みって何だろう。概ね公教育の世界で自己実現できずに苦しんでいる人が来ているとも思うわけで、たとえば公教育の現場離れちゃおうかな、というような人も来たりするでしょう？　どう支援しているんだろう？

緑　エデュトリップは自己実現できずに苦しんでる人も来るし、そうでもない「意識高いアクティブな人」も来るんですけど、夜や移動中にモヤモヤをひたすら聞く…みたいなことは起きますね。ただ、多分、晋さんのやってることと違って、エデュトリップは非日常なので、あまり依存関係…って感じにはなりづらいのかなぁと。

石川　なるほど。「旅行」という場がしかけとして働いているってことなのかな？

緑　明確に終わりがあるので。

石川　昔の合宿形式の研修会とかとはどう違うのかな。かつての民間教育研修は、合宿形式で研修会をして、そこで事実上オルグしたりしてたわけで…思想的政治的主張が希薄だからなのか…。

緑　日常に帰っていくことを前提に、旅の最中のモヤモヤに向き合うわけです。焦ったりしながら。

石川　焦ったり？

緑　帰ったらどうしよう…って。

石川　ああ、たくさん人がいる効果なんだね、「旅行団」！

緑　特に海外の場合は、お金もかけてスケジュールも調整して参加するので、やっぱり生かしたい（もとを取りたい）とみんな思うから。あとやっぱり、いつもとは違う種類のインプットがあるのは、土日の研修団体の合宿との違いじゃないですかね。

石川　金銭についてはオンライン支援でも発生しているけれど、額の違いと身体拘束の規模の違いもありますね。いつもと違うインプット方法だからなのかな？

緑　いや、どうだろう。旅は期間が短いから…。

石川　1週間くらいのプログラムだよね？

緑　1週間ですね。合宿でも対話のなかにインプットはあるけど、やっぱりエデュトリップは「風」的なインプットっていうか。

石川　ほう…。

緑　普段の現場じゃない、異文化からのインプットがあるっていうか、そういうことは大きい。

石川　緑ちゃんは確か、ピースボート上でも講座開いたりしてるよね？　それとの違いは？

緑　船上の人たちが対象のピースボートに比べると、エデュトリップは結構、異文化の刺激がパワフルなので、勝手にモヤモヤとか、「なるほど…！」みたいなのが起きたりはするんです。それを言葉として引き出して、場で（参加者で）共有化したり、いやいや、でも…みたいなやりとりにつなげていくことは促してます。

石川　ファシリテートってことね？

緑　毎日の終わりの振り返りの時間はもちろんだし、結構、移動中にめっちゃしゃべるっていうのがポイントです。

石川　なるほど。

緑　特に、モヤモヤした顔をしている人に移動中に話しかけて、言語化を手伝っておいて、振り返りのときに出してもらう。あと、こないだのスウェーデンのときは、いまいち深まってない感じだったので、3日目の朝にオープンクエスチョンのミニレクチャーをしました。海外のときは、みんなの問いが社会やシステムや文化に向くんです。国内のときは自分の教育観や実践に向く。だから国内と海外はやることが違うというか…国内のときのほうがずぶずぶと個々人の話をするような感じになりますかね。海外のほうは、どんな社会にしたい？　そのために教育ってどうあれば…みたいな感じになる。

石川　なるほど。すごくおもしろい。

緑　ほんまですか？　よかった。

石川　ぼくが現場に入れてもらうときに、慣れてくると、たくさんの人を誘って現場を見て話すわけですけど、そういうことと似てるってことですね？　たとえば岸和田の現場や井上太智さんの現場には、たくさんの人を連れていった。

緑　似てるっていうのは、外から現場に入った人にとってですか？

石川　うーん、起こる現象とか…方法選択そのもの（たくさんの人で現場を見ながら話す）とか…。

緑　あー！　そうですね！　似てると思います。同じものを見ても、全然違うことを思うのがおもしろいです。

石川　「伴走」という方法の可能性をずうっと考えているんですよね…。ツールも方法も多様になってきているわけだけれど、じゃあどんな方法があるんだろうとか、それぞれの現場でどんなことを考えてその方法を選んでいるんだろう、とか。選んでくる人は、自分のなかの何を見ようとしてそこを選んでくるんだろうか、とか。ひとりでは伴走しきれないということを早くも感じているわけだけど、では、多様性の担保があればそれでいいのか、とか。持続可能にゆるやかに伴走するにはどうすればいいのか、とか。緑ちゃんと話していると、そんなことをぐるぐる頭のなかで考えてしまって、とても刺激的です。■

おわりに

●関西の現場で感じてきたこと

２０１７年度中盤から２０１８年度は、文字通り、声を掛けていただいたところにはどこへでも行きます、を通しました。

昨日は東京、今日は大阪、明日はまた東京というようなこともしばしば起こりました。これは結構しんどいのですが、でも現場のおもしろさは格別で、そのおもしろさに引きずられながら２年弱を過ごしました。

この間、自分がどのような動き方をするかは、本書を読みついでいただくとわかるように、結構揺れました。結論としては、東へ西への生活は、これからも続けますが、少し安定した時間軸を生活のなかに入れる意味でも、自分の現場を持とうという方向です。もちろん1度退職した時点で、現場体験だけを元に働けるのは2年が賞味期限だろうとも考えていました。日々変わりゆく現場に視座を置いて考え続けるためにも、自分の現場が必要なタイミングだと感じています。しかし、後述しますが、今度は家族の状況の変化もあって、とりあえず2018年度と同じような動きになっています。

さて、北海道・東日本を主なフィールドにして実践研究提案を進めてきたぼくにとって、どっぷりと関西の学校に入る経験は、圧倒的な異文化体験でした（あ、関西からのオファーがとても多かったのです）。もちろん一応頭ではわかっているつもりだったのですが、実際にそれを見、さらにそこでずぶずぶに授業をさせていただくと、もう根本の感覚から違う、身体的な気づきのようなものがありました。

大阪の状況については、武田緑さんとの対談（4章参照）を通して、その辺りの実情の紹介や、ぼく自身の気づきはまとめることができたと思います。かいつまんで書けば、多様な子どもたちの実態、貧困、政治の介入、教職員採用の崩壊とそれに伴う教職員自体の学力低下、そうした問題が十重《とえ》二十重《はたえ》になって、極めて深刻な状況をつくり出しているということです。そして、この状況は、大阪を皮切りに全国に広がっていくだろうということです。いささかネガティブな話になりますが、教職をめぐる状況の好転の兆しはないと思います。教職のブラック化の実態は、内田良さん（名古屋大学准教授）や妹尾昌俊《せのおまさとし》さん（教育研究家）らの尽力で、かなりの程度世間にも知られるようになりました。でも短期的にはそれがさらに採用希望者を減らすことになり、教職員採用層の学力の下ぶれを起こしています。

中長期的な展望を精緻《せいち》に語れるほど、分析できているとはいえませんが、少なくとも、この採用の状況が数年続けば、教育現場（具体的には授業と教室）はさらに悪化し、教育実習でその実態を知る学生は、さらに採用の最終ラインで教職の道から引き返していく状況を生んでいくでしょう。採用要件を下げるというような、人材確保の観点からは致命的とも思える施策をとる自治体も出てきています…。

●採用の崩壊とどう向き合うか

1990年代後半に、学級崩壊が全国に広がっていることが広く知られるようになりました。そのなかで、大学も現場に出てすぐ使える学びの場にならなければ、という機運が高まりました。その頃にぼく自身も実地指導講師として教育系大学で数時間の講義を任されたりしましたが、それはぼく自身は大学で経験しなかった講義でした。

それまでも「演習」と呼ばれる講義はありましたが、それらのほとんどは、教養を深めるための演習であったと言えます。たとえば、国語科でいえば、夏目漱石の「こころ」について、みんなでレポートを分担して解釈をしようというような類のものです。しかし、2000年以降は文字通り授業の進め方や話し方、学級づくりの方法などが、大学で教えられるようになりました。

こうした流れ自体は、時代の要請として止めようもないものだったと言えるのかもしれません。でも、大学がこうした活動に力を入れ、採用試験で実績を伸ばし、さらに教員採用試験合格者数や合格率を、予備校の合格実績ばりに大学志願者に向けて発信しだすようになると、少子化の構造に輪をかけて採用の状況は崩壊の一途を辿りはじめました。

結果、基礎研究を大切にしない状況は、自分自身で考える経験が不足した先生、教材を分析できない先生の大量増産につながっています。

前作を書きはじめた5年前には薄ぼんやりとしていた状況は、この5年でどす黒くはっきりしました。さて、どうすればいいのだろう。

いま一緒に本を書いているちょんせいこさんは、ぼくによく自嘲気味に、「砂漠に水を撒くような仕事だよね」と言います。そうか、ぼくらの仕事は、砂漠に水を撒くような仕事なのか…。

●実践研究の崩壊とどう向き合うか

ぼく自身は冒頭に書いたように北海道・東日本を主なフィールドにして実践研究提案をしてきました。教職員対象の民間教育研修の場で模擬授業提案をする。その細部まで磨き上げていくある種、彫刻家の振る舞いにも似たストイックな営みで高いレベルの授業実現を図ったりしてきたわけです。

しかし、教材分析も、日常の記録もままならない、誰かに助けも求められない、そんな先生が増えている大阪を中心とする関西の状況を見続けるなかで、自分の仕事はいったい何だったのだろうと、強い内省を迫られます。

当たり前が当たり前ではなくなっている状況も衝撃です。

大学ではかつて、研究的な文脈を決してないがしろにしてはいけないこと。教室を一歩出て発信者になるのなら（実際教師をしていれば、本格的な出版活動などに携わらなくても、研究授業や発表の機会などはあります）、実践史的文脈を丁寧に掘り起こすこと。そうしないと、次代の実践者に実践と研究の文脈が伝わらず、結果、授業の本質の受け渡しができなくなって、授業実践の劣化を招いていくこと…。そういうことを丁寧に学んできたわけですが、いまや、春先の教育書フェアの棚には、かつての名実践の劣化した焼き直しが、自分が新たに開発したかのような顔をしてじゃんじゃん並んでしまっている状況です。出版不況、自転車操業のなかで、実践者と編集者が二人三脚で学び合う風土はいまや昔。編集者も不勉強なまま、劣化実践の垂れ流しに加担している始末です。一部では、権利侵害の問題も出てくるような状況です。

さて、どうすればいいのだろう。

それでもぼくは希望は捨てていません。かつて魯迅《ルーシュン》が『故郷』のなかで、主人公の私を通して「地上にはもともと道はない。歩く人が多くなればそれが道になるのだ」と語ったように、気がついた人から順繰りに歩きはじめていくことで、きっと砂漠にも道ができるだろうと、そう思っています。

●「時間講師」登録から見えること

２０１９年4月から働こうということで、東京都の公立小中学校臨時講師の名簿に登録しました。「時間講師」の希望です。

ぼくは、木曜日と金曜日はこれまで通りの「伴走」を続けたいと考えていたので、月曜日から水曜日の3日間を条件としました。居住地域に合わせて区や市町村を選択して登録できる形式になっているんですね。所有免許状などの情報があれば、登録はネットで小1時間で完了です。実に簡単です。

登録したのは2月。4月を迎える時期に、フルタイムで働ける教員の確保の見通しが立たない学校が、この名簿を頼りに声をかけていくのだそうです。新規の人は名簿の一番後ろに付けられるということで、ぼくにはすぐには声はかからないだろうということでした。ただ、2年間都内を拠点に動いてきましたので、知り合いの臨時講師の国語教師がいます。そうした方が、自分のところに入ってくる情報、あるいは周辺で見聞きした情報をいくつかぼくに流してくださったりしました。

結果、4月中にお話があったのは5件。そのうち、2件は実際に学校側と打ち合わせをする運びまで話が進みました。しかし、いずれも、話し合いに向かう当日の朝に先方から講師が見つかったという連絡があり、実際に会うことはなく、今に至っています。

いずれの場合も窓口はすべて副校長でした。2件のうちの1件はなんと4月の3週の時点で22時間分の国語の授業時数担当者が不足していると言います。4、5学級規模の中学校ですから、おおよそ1学年分丸々国語の担当者がいない…多分他学年担当の国語教師が1、2時間多めにもってなんとか日銭を稼ぐようにして、ここまでもたせているのでしょう…。副校長の声も電話越しにも憔悴《しょうすい》している感じが伝わってきて、気の毒になりました。

ぼくが勤務していた北海道の田舎の学校でも、2010年頃からでしょうか、体調を崩して休職する教員は激増していました。札幌から車で4時間といった場所でしたから、代替教員はなかなか望めません。運よく見つかった場合もありますが、年度の途中から最後まで、結局校内の先生で（免許外で！）対応したこともありました。当時は、札幌圏や都内、大阪などの大都市圏は、補充の人員が見つかっていいよなあと、職場の教員たちはぼやいていたわけです。でも今や都内ですら講師が見つからない。新聞やテレビでの報道の通り、小学校では担任未定のまま新学期を迎えるところも出てきています。

一方で今年も4月の初週で辞めてしまった教員がいる学校もあると聞きました。僕の友人もGW明けからある小学校に入るように依頼されています。

しかし、ぼくが言うのもなんですが、このシステムだと、結局残り物に声がかかって行く仕組みです。待機組の質は概ねどんどん下がっていくわけでしょうから、これはもう本当に厳しい悪循環です。どうしたものでしょうね…。

まあ、とにかくぼく自身はそういうわけで、未だ学校が決まりません。もう少し真剣に声かけをお願いすれば決まるんだろうなと思うのですが、登録名簿を見て声をかけてくださった学校とのご縁で入ろうと思っています。

●まあ模様眺めでもあり…

でも、実は採用の件は模様眺めの状況です。というのは、父の入院が長引いたという事情があります。昨年の秋に、父は出版した評論作品で北海道新聞文学賞の佳作を受賞し、めずらしく周囲が賑《にぎ》やかになりました。それとときを同じくして長年支え合ってきた友人が次々と亡くなってしまいました。秋の終わりから、どうやら一番関心の高い読み書きから順番にできなくなっていたらしいのですが、比較的そばにいながら気がついていませんでした…。冬の入口に入院し、結局春まで…これまでにない長い入院です。自律神経失調症という診断ですが、要するに鬱なのです。春になり、ようやく家からメガネをもってきて欲しいというようになり、読み書きに関心が少しずつ向いてきました。入口と同じところを出口にして回復して行く。おもしろいなあと（まあ、そうでも思わないとやってられないところもあるのですが）思います。

フリーランスで自分である程度時間をやりくりできる現状は、結果的にはよかったことになります。老老介護などという言葉が、あまり遠くない現実としてしっかり理解できるようになってきました。悲しいけれど、現実です。この後退院したらひとりで暮らす父のことを、さてどうするか。もちろん本人とじっくり話しながら決めていく必要がありそうです。まだ、採用が決まらなくてよかったのかな…。

●手放せるか、という問題

そうこうしているうちに父は退院となり、先日から市の社会福祉協議会の斡旋《あっせん》の形でボランティア・ヘルパーが父のところにいらっしゃるようになりました。

そのヘルパーさんが、初日の朝約束の仕事をした後、夕方にも時間外でまたいらしたと、父に電話をして知りました。ヘルパーさんが来てくれてうれしかったと、いつになく上気した声で話す電話の向こうの父の様子を感じながら、僕はイライラしていました。

このイライラは何だろうとずうっと考えていたのですが、数日後に、あっと気づきました。

僕は父に関しては、なんでこんなこともわからなかったりできなかったりするのだろうと、いつも少しイライラしています。なので今回の件も、約束を初回から無視してやってくるヘルパーさんを無条件に受け入れてしまう父へのいらだちだと思っていました。しかし、どうも今回は違うようです。この感情は、ぼくがいないといけないんだとか、ぼくなしでは厳しいわけだ、というような感情と表裏になっているようでした…。ヘルパーさんが入りはじめて、ぼく自身が、誰かに入られたくないという感情を持っているんだということに気づかされました、ぼく自身が父を手放せないのだ、ということに。これはすごく大きな気づきでした。

弟が週末に帰ってきてくれて、父の身辺の世話をしてくれました。弟から、その数日のことを、彼の感情も含んだメールが送られてきました。それを読むと、弟も弟自身について同じようなことが起こったのだなと気づかされます。弟は、特別支援学校畑を歩んできた、分野は少し違うけれど、介助のエキスパートです。その弟でもまた、身内である父に対してイライラした感情が沸き起こってきたり、自分がやらなくちゃ、やるんだから、という感情が沸き起こってくる…。なかなか難しい問題です。

オンライン支援や教室伴走で、先生方が苦しんでいる問題のひとつだと感じているのは「手放せない」ということです。ぼくはクラスの子たちに概ねドライな教師です。また今のクライアントである先生方に対しても、かなり客観的なポジションを保てていると、自分で感じています。しかし身内になるとそれが一気に難しくなる。

多くの教室の先生方は、子どもたちに対して「親（身内）」のように（もちろん、この比喩で気を悪くされる方もいらっしゃると思うのです、ごめんなさい）なってしまっているということがあるようです。元々、日がな一日教室で過ごすわけですから、依存関係になりやすいわけですし。結果、実は子どもの自立を阻んでいるのは、手放せない先生の側に理由がある、というようなことが、結構な頻度で起こっているんだなと、見えてきました。

先生自身が一番手放すのが難しい。やがて離れていくことが運命づけられている関係であるにもかかわらず難しい。この辺りは、ぼくの伴走にとってのひとつの肝になりつつあると感じています。

●新しい時代なのだそうですが…

GWに北海道・芦別《あしべつ》にあるカナディアンワールド公園に行ってきました。バブルの時代、カナディアンワールドは、赤毛のアンの世界を再現するテーマパークとして大々的に登場した場所です。石狩炭田の北端の都市として、閉山に苦しんだ街が、閉山直後の振興費を原資に企画した起死回生の場所になるはずでした。が、同じく石炭の歴史村の造成に失敗した夕張と同様に、莫大《ばくだい》な赤字を抱え込むことになった場所です。早々にテーマパークは廃業し、市が管理する「公園」として無料で開放されているその場所は、まさにグリーンゲイブルズのゴーストタウン。ぼくは、その廃墟《はいきょ》ぶりに惹かれて、これまでも何度かに訪れています。今年で公園も閉鎖するということで出かけてきました。GWの夕方、広い園内にいるのは合わせて20名くらいでしょうか。5月1日から新しい元号、新しい時代なのだそうですよ…。

閉鎖の決まったカナディアンワールド公園

ぼくは1989年に大学を卒業し、その4月に教員になりました。大学の卒業証書も教員免許状も、その年の1月までは「昭和」と書かれるものと、天皇の病状悪化は連日報道されていたけれど、なんとなく思っていました。しかし、もちろん耳馴染みのない元号（平成）が付されることになり、ぼくはその耳馴染みのない元号と、以来ずうっとつき合っていくことになったわけです。この30年は、ひと言でいうと、国力がどんどん衰退し、それに伴って、分断がどんどん進んでいく、そういう時代だったなあと思います。経済の失敗も政治の失敗も大きかった。期待された民主党政権は原発政策をはじめとして実に無力でした。改元の前後、テレビはまるでニューイヤーを迎えるような大騒ぎぶりでしたが、ぼくは浮かれポンチな気持ちには、とてもなれませんでした。

とはいえ、教職を辞してから、ぼくの心持ちも見方も大きく変わりました。途中で文体が常体から敬体に変わったのも、まさにこの時期です。迷いましたが、統一せずにそのままにしました。

前作の表紙は、ぼくの教室を訪問したこともある研究仲間の濱口恵美さんにお願いしました。今作は、前作でも紹介した北海道の画家、盛本学史さんにお願いしました。盛本さんもぼくの教室に2度いらしているわけですが。前作とはまた全然違う風合いの表紙にしてくださり、2冊の性格の違いを際立たせてくださっています。ありがとうございます。

ぼくの出身地は北海道です。はるか昔から収奪を繰り返されてきた土地で暮らしてきたことを、ちゃんと胸に刻んで、またもう少し先まで、苦しむ先生・学校とゆるやかに伴走していこうと思います。

２０１９年７月　石川　晋

石川 晋（いしかわ・しん）

1967年、北海道旭川市生まれ。北海道教育大学大学院修士課程・国語科教育専修修了。1989年北海道中学校教員として採用。以降、オホーツク、旭川、十勝の中学校を歴任。北海道上士幌町立上士幌中学校を2017年3月に退職。その後、幼稚園から小中高、大学、特別支援学校などを1年間に120校訪問し、国語・道徳・合唱の授業を160時間実施。全国の学校や教員に伴走しながら活動を続ける。学生時代より授業づくりネットワーク運動に参加し、2013年3月よりNPO授業づくりネットワーク理事長として、全国で年間30ヵ所以上の研修会を実施。日本児童文学者協会会員。趣味は野鳥観察と音楽鑑賞、合唱など。

著書

『「対話」がクラスにあふれる！国語授業・言語活動アイデア42』（明治図書、2012）、『音楽が苦手な先生にもできる！学級担任の合唱コンクール指導』（明治図書、2013）、『エピソードで語る教師力の極意』（明治図書、2013）、『「教室読み聞かせ」読書活動アイデア38』（明治図書、2013）、『新版 学級通信を出しつづけるための10のコツと50のネタ』（学事出版、2015）、『学校でしなやかに生きるということ』（フェミックス、2016）、『わたしたちの「撮る教室」』（小寺卓矢・石川晋・石川学級の41名の生徒たち、学事出版、2016）など著書、共著多数。

学校とゆるやかに伴走するということ

2019年7月24日 初版発行

著者 石川 晋
発行 有限会社フェミックス
〒225－0011
横浜市青葉区あざみ野1－21－11
スペースナナ内
TEL 045－482－6711
FAX 045－482－6712
jimu@femix.co.jp
http://femix.co.jp

装画 盛本 学史
装幀 菊池 ゆかり
印刷 シナノ書籍印刷株式会社

ISBN978-4-903579-88-7 C0037